给孩子的小诗词

100课

下册

李连红 主编

中国出版集团
中译出版社

扫码听音频

图书在版编目（CIP）数据

给孩子的小诗词100课：全2册/李连红主编．——北京：中译出版社，2021.7
（文学小口袋）
ISBN 978-7-5001-6667-2

Ⅰ．①给… Ⅱ．①李… Ⅲ．①古典诗歌－中国－小学－教学参考资料 Ⅳ．① G624.203

中国版本图书馆 CIP 数据核字（2021）第 105633 号

给孩子的小诗词 100 课 下册
GEI HAIZI DE XIAO SHICI 100 KE

出版发行	/ 中译出版社
地　　址	/ 北京市西城区车公庄大街甲 4 号物华大厦 6 层
电　　话	/（010）68359376　68359303　68359101
邮　　编	/ 100044
传　　真	/（010）68357870
电子邮箱	/ book@ctph.com.cn
责任编辑	/ 顾客强　王滢
封面设计	/ 韩志鹏
印　　刷	/ 山东新华印务有限公司
经　　销	/ 新华书店
规　　格	/ 650mm×920mm　1/16
印　　张	/ 20
字　　数	/ 250 千字
版　　次	/ 2021 年 7 月第 1 版
印　　次	/ 2021 年 7 月第 1 次

ISBN 978-7-5001-6667-2　　定价：52.00 元（全 2 册）

版权所有　侵权必究
中译出版社

目录

第六辑　抒情咏怀

第 51 课　登幽州台歌……………………2

第 52 课　天净沙·秋思…………………5

第 53 课　秋下荆门………………………8

第 54 课　己亥杂诗………………………10

第 55 课　次潼关先寄张十二阁老使君…………13

第 56 课　与史郎中钦听黄鹤楼上吹笛…………16

第 57 课　过分水岭………………………19

第 58 课　书　愤…………………………22

第 59 课　夏日南亭怀辛大………………25

第 60 课　登　高…………………………28

第七辑　羁旅思乡

第61课　宿建德江 …………………………… 32

第62课　春夜洛城闻笛 ………………………… 35

第63课　秋　思 ………………………………… 37

第64课　除夜作 ………………………………… 40

第65课　旅次朔方 ……………………………… 43

第66课　夜书所见 ……………………………… 46

第67课　邯郸冬至夜思家 ……………………… 49

第68课　早寒江上有怀 ………………………… 52

第69课　蜀中九日 ……………………………… 55

第70课　商山早行 ……………………………… 58

第八辑　哲理悟道

第71课　题西林壁 ……………………………… 62

第72课　登鹳雀楼 ……………………………… 65

第73课　新　竹 ………………………………… 68

第74课　观书有感（其一） …………………… 71

第75课　观书有感（其二） …………………… 74

第76课　过松源晨炊漆公店……………… 77

第77课　冬夜读书示子聿（其三）………… 80

第78课　劝　学…………………………… 83

第79课　琴　诗…………………………… 86

第80课　登飞来峰………………………… 88

第九辑　边塞爱国

第81课　出　塞…………………………… 92

第82课　扬子江…………………………… 95

第83课　十一月四日风雨大作…………… 98

第84课　从军行（其四）………………… 101

第85课　凉州词………………………… 104

第86课　马上作………………………… 107

第87课　塞上听吹笛…………………… 110

第88课　碛中作………………………… 112

第89课　春　望………………………… 115

第90课　菩萨蛮·书江西造口壁……… 118

第十辑 吊古咏史

第91课 台　城……………………………122

第92课 石头城……………………………125

第93课 夏日绝句…………………………128

第94课 赤　壁……………………………131

第95课 易水送别…………………………134

第96课 越中览古…………………………137

第97课 武侯庙……………………………140

第98课 过三闾庙…………………………142

第99课 楚　吟……………………………145

第100课 金陵怀古…………………………148

诗词趣味闯关……………………………151

第六辑 抒情咏怀

第51课

登幽州台①歌

〔唐代〕陈子昂

前②不见古人③,
后④不见来者⑤。
念天地之悠悠⑥,
独怆然⑦而涕⑧下!

字词小贴士

① 幽州台:即黄金台,又称招贤台,是燕昭王为招纳天下贤士而建造的。幽州,古九州之一,位于今北京市。　② 前:过去。　③ 古人:古代那些能够礼贤下士的圣君。　④ 后:未来。　⑤ 来者:后世那些重视人才的贤明君主。　⑥ 悠悠:形容时间的久远和空间的广大。　⑦ 怆(chuàng)然:悲伤凄恻的样子。　⑧ 涕:眼泪。

诗文转换站

向过去看，看不到古代礼贤下士的圣君，向未来看，看不到后世求贤若渴的明君。

想到天地的宽广无边，我止不住悲伤满怀，泪湿衣襟！

诗词赏析评

作这首诗时，诗人在政治上接连受到挫折，眼看报国愿望成为泡影，因此登上招贤台，慷慨悲吟。

"前不见古人，后不见来者。"过去的像燕昭王那样的贤君既不复可见，后来的贤明之主也来不及见到。诗人联想到自己在政治上接连受挫的经历，感叹自己真是生不逢时。

"念天地之悠悠，独怆然而涕下！"当登台远眺时，诗人只见茫茫宇宙，天长地久，发觉在大自然面前，自己是那样的渺小，因而悲从中来，怆然流泪。

诗人在这首诗中营造了无限大的时空，从而反衬出自己的孤寂与苦闷，表现出失意的境遇和寂寞苦闷的情怀。

诗词趣味多

北京是一座有着三千多年历史的古都，在不同的朝代有着不同的称谓，大致算起来有二十多个别称，你知道都有哪些吗？

燕都：战国七雄中燕国的国都。

幽州：古九州之一，位于现在的北京市。

京城：泛指国都，北京成为国都后，也多被称为"京城"。

南京：辽太宗会同元年（938年），将原幽州升为幽都府，建号"南京"，又称"燕京"。

大都：元代以金的离宫（位于今北海公园）为中心重建新城，

元世祖至元九年（1272年）改称"大都"，俗称"元大都"。

北平：明代洪武元年（1368年），朱元璋灭元朝后，为记载平定北方的功绩，将元大都改称"北平"。

北京：明代永乐元年（1403年），明成祖朱棣取得皇位后，将他做燕王时的封地北平府改为顺天府，建北京城，并准备迁都城于此。这是此地正式被命名为"北京"的开始，距今已有600余年的历史。

智慧修炼场

1.找一找：以下15个字中藏着本诗中的一句，请你找出并写下来。

然	前	见	涕	泪
悠	人	独	垂	下
不	沧	天	而	怆

2.选一选："涕"在本诗中指（　　）
A.鼻涕　　　B.眼泪　　　C.汗水

诗人小档案

陈子昂（661—702），字伯玉，梓州射洪（今四川省射洪市）人，唐代文学家、诗人，初唐诗文革新人物之一。因曾任右拾遗，后世称"陈拾遗"。陈子昂存诗共100多首，其诗风骨峥嵘、寓意深远、苍劲有力。陈子昂与司马承祯、卢藏用、宋之问、王适、毕构、李白、孟浩然、王维、贺知章并称"仙宗十友"。

答案：1.独怆然而涕下　2.B

天净沙①·秋思

〔元代〕马致远

枯藤②老树昏鸦③,
小桥流水人家④,
古道⑤西风⑥瘦马。
夕阳西下,
断肠人⑦在天涯⑧。

字词小贴士

① 天净沙：曲牌名，属越调，又名"塞上秋"。 ② 枯藤：枯萎的枝蔓。 ③ 昏鸦：黄昏时归巢的乌鸦。昏，傍晚。 ④ 人家：农家。 ⑤ 古道：已经废弃不用的古老驿道或年代久远的驿道。 ⑥ 西风：寒冷、萧瑟的秋风。 ⑦ 断肠人：形容伤心悲痛到极点的人。 ⑧ 天涯：远离家乡的地方。

诗文转换站

黄昏之时，一群归巢的乌鸦落在枯藤缠绕的老树上，小桥下流水哗哗作响，桥边庄户人家炊烟袅袅，荒凉的驿道上一匹瘦马顶着萧瑟秋风艰难地前行。

夕阳渐渐从西边落下，昏暗的暮色里，只有孤独的旅人漂泊在离家遥远的外乡。

诗词赏析评

"枯藤老树昏鸦，小桥流水人家，古道西风瘦马"三句全由名词性词组构成，列出九种事物，用简单的语言描绘出一幅深秋黄昏的村野图景。"枯""老""昏""瘦"等形容词营造出了凄凉悲苦的情调。两句萧瑟凄苦的诗句中穿插了"小桥流水人家"这样氛围温馨的一句，反衬出作者远离故乡的孤寂苦闷，体现出作者厌倦了漂泊的生活，渴望家的温暖。

"断肠人在天涯"是此曲的画龙点睛之笔，令前四句所描绘之景作为人活动的环境，成为天涯断肠人内心悲凉情感的触发物。

全曲景中有情，以景托情，寓情于景，构成了一种动人的艺术境界。周德清评价此曲为"秋思之祖"。

诗词趣味多

小令：散曲的一个种类，相当于一首篇幅短小的词，以描写为主。小令原本是民间的小调，元代时，词日渐凋零，伶人、文人多向民间小调寻求突破，语言通俗易懂更具一番独特的风格和韵味。

智慧修炼场

1. 写一写：请你写出这首曲中的十个意象。

_____

2. 猜一猜：猜猜下面的甲骨文是诗中的哪一个字？请写下来。

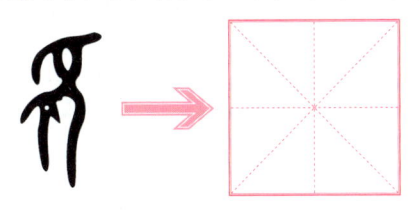

"老"的甲骨文像一个驼着背，头上有一缕稀疏的头发，手持拐杖的老人。本义是"年岁大"，引申为"历时长久""陈旧"等。

诗人小档案

马致远（约1250—约1321），字千里，号东篱（一说字致远，晚号"东篱"），大都（今北京市）人。他与关汉卿、郑光祖、白朴并称"元曲四大家"，是我国元代著名戏剧家、散曲家。他在散曲创作上具有思想内容丰富深邃、艺术技巧高超圆熟的特点，在杂剧创作上具有散曲化的倾向和虚实相生之美。

答案：1.枯藤、老树、昏鸦、小桥、流水、人家、古道、西风、瘦马、夕阳 2.老

第53课

秋下荆门①

〔唐代〕李白

霜落荆门江树空②，
布帆无恙③挂秋风。
此行不为鲈鱼鲙，
自爱名山入剡④中。

字词小贴士

① 荆门：即荆门山，位于今湖北省宜都市西北、长江南岸，南与五龙山相接，北与虎牙山隔江相峙，地势险要。　② 空：指树叶已落尽。　③ 布帆无恙：表示旅途平安。　④ 剡（shàn）中：指剡县一带，位于今浙江省嵊州市，境内多名山佳水。

诗文转换站

荆门山到了霜降时节，树叶已经落尽了，秋风为我送行，使我的旅途平安无险。

此次离家远行不是为了品尝美食，而是为了游览剡中的名山大川。

诗词赏析评

李白写成此诗时正值他第一次出蜀远游。此诗借景抒情,抒发了诗人秋日出游的愉悦心情,也表达了诗人意欲饱览祖国山河的豪情。

"霜落荆门江树空"点明出游的时间和目的地。"空"字形象地描绘出山明水净、天地清肃的景象,却不给人以萧瑟之感。

"布帆无恙挂秋风"一句借用了顾恺之"布帆无恙"的典故,有一帆风顺、天助人愿的意味,也表现出诗人轻松欣慰的心情。

"此行不为鲈鱼鲙,自爱名山入剡中"两句,先引张翰思念家乡"鲈鱼脍"的典故,表明自己此行目的与张翰不同,是远离家乡,再说明此行目的是游览剡中的名山大川,体现出诗人豪爽又浪漫的个性。

诗词趣味多

1.布帆无恙:典出《世说新语·排调》。东晋大画家顾恺之任荆州刺史殷仲堪的参军时,曾告假乘舟东下,途中遇大风,顾恺之写信给殷仲堪说"行人安稳,布帆无恙",以表平安。

2.鲈鱼鲙:即"鲈鱼脍",典出《世说新语·识鉴》。西晋张翰在洛阳做官时,见秋风起,想到家乡菰菜、鲈鱼脍的美味,遂辞官回乡。

智慧修炼场

1.选一选:李白此行去剡中的目的是(　　)
A.吃鲈鱼　　B.回乡探亲　　C.游览名山大川

2.写一写:诗中用了两个典故,请你用诗中的词语写下来。

第54课

己亥杂诗

〔清代〕龚自珍

浩荡离愁①白日斜，
吟鞭②东指即天涯③。
落红④不是无情物，
化作春泥更护花。

字词小贴士

① 浩荡离愁：离别的愁思浩如水波。此处诗人离别的是京都。　② 吟鞭：诗人的马鞭。　③ 天涯：遥远的地方。　④ 落红：落花。

诗文转换站

离别京都的愁思像浩浩荡荡的江水向着日落的远方延伸，马鞭向东一挥，就感觉人在天涯一般。

从枝头上掉下来的落花不是无情之物，即使在春天腐烂成泥，也甘愿滋养新生的花朵。

诗词赏析评

这首诗写于诗人被朝中权贵排挤，辞官南归的途中，抒发了诗人不畏失败、坚定为国家效力的坚强性格和献身精神。

"浩荡离愁白日斜"，"浩荡"原用于形容水势浩大，在这里形容"离愁"，写出了诗人因仕途不顺、告别朝堂而生的愁思之深。

"吟鞭东指即天涯"，马鞭指处，便是离京师遥远得如同天涯般的故乡，这一走，从此再难回京师。诗人用夸张的手法表现伤怀之意。

"落红不是无情物，化作春泥更护花"，笔锋一转，由抒发离别之情转入抒发报国之志。落花不是无情无用之物，它还能够化作养料滋养新生的花朵；诗人辞去官职，也不是不想再为国家效力，而是回家乡主掌书院，聚徒讲学。诗人以落花自比，表现出自己虽然脱离官场，但依然希望尽最后一分力为国培养人才的壮志。

诗词趣味多

此诗作于1839年（农历己亥年），是诗人的代表作品之一。这一年龚自珍已48岁，他对统治者和当朝权贵大失所望，毅然辞官南归，后又北上迎接眷属。在南北往返途中，他一有所思所感，就用鸡毛写在账簿纸上，投入一个竹筐，后来共"得纸团三百十五枚，盖作诗三百十五首也"（出自《与吴虹生书》），写就巨型组诗，即著名的《己亥杂诗》。

智慧修炼场

1.找一找：下面的多宫格中藏着本诗的名句，请你找出并写下来。

春	红	荡	作	花
落	浩	护	物	日
不	情	无	白	化
鞭	更	泥	是	涯

2.连一连：下面是描写落花的诗句，请你帮助它们找到作品。
① 夜来风雨声，花落知多少　　A.《寒食》
② 春城无处不飞花　　　　　　B.《一剪梅》
③ 花自飘零水自流　　　　　　C.《春晓》

诗人小档案

龚自珍（1792—1841），字璱人，号定庵，因晚年居住在昆山羽琌山馆，又号羽琌山民，浙江仁和（今杭州市）人，清代思想家、文学家、改良主义先驱者。他主张"更法""改图"，力图揭露清政府的腐朽，是一位爱国的仁人志士，被誉为"三百年来第一流"。著有《定庵文集》，留存文章300余篇，诗词近800首，今人辑为《龚自珍全集》，其中组诗《己亥杂诗》共315首。

答案：1.落红不是无情物，化作春泥更护花。 2.①—C；②—A；③—B

次○1潼关○2先寄张十二阁老使君○3

〔唐代〕韩愈

荆山○4已去华山○5来，
日出潼关四扇○6开。
刺史○7莫辞迎候远，
相公○8新破蔡州○9回。

字词小贴士

①次：驻扎。　②潼关：关隘名。设于东汉末，为秦、晋、豫三地的交通要塞，位于今陕西省潼关县北。　③张十二阁老使君：即张贾，时任华州刺史，故称之为"使君"；曾在门下省任职，因而又称之为"阁老"。　④荆山：又名覆釜山，位于今河南省灵

宝市。　⑤华山：位于今陕西省华阴市，有"奇险天下第一山"之称。　⑥四扇：指潼关的四扇关门。　⑦刺史：指华州刺史张贾。　⑧相公：指裴度，时任宰相、平淮大军统帅。　⑨蔡州：淮西藩将的大本营。

诗文转换站

刚刚越过荆山，华山又迎面而来，红日东升，潼关的四扇关门大开。

刺史大人不要推辞说迎接的路途遥远，宰相裴度刚攻下蔡州凯旋。

诗词赏析评

唐宪宗元和十二年（817年）平淮大军攻下蔡州后，诗人于随军凯旋途中作此诗，通知刺史张贾准备犒军，并抒发了胜利的豪情。

"荆山已去华山来，日出潼关四扇开"写凯旋大军抵达潼关的盛大图景。第一句从荆山写到华山，仿佛大军在旋踵间便跨过了广阔的地域，开笔气魄十足，为全诗定下了雄壮的基调。"日出"运用象征手法，使自然景象与当下现实融合，象征着藩镇割据局面的扭转。"潼关"古塞在明媚的晨光中大开四扇关门，展现出一幅壮丽的图景，给读者内心以震撼。

"刺史莫辞迎候远，相公新破蔡州回"两句换用第二人称语气，以抒情笔调通知华州刺史张贾准备犒军。而诗人作为接受欢迎的一方不客气地让刺史"莫辞迎候远"，更强烈地体现出他兴奋、自豪的内心感受。最后以直赋作结，将全诗一语收拢，点明战绩——"破蔡州"，并对裴度表示由衷的赞美，反映了诗人对国家统一的态度。

诗词趣味多

元和中兴：指唐代唐宪宗在位时因治国有方，国家政治一度回到正轨的时代。当时政府财政情况有所好转，同时吐蕃势衰，政府"以法度裁制藩镇"，陷于强藩多年的今河南、山东、河北等地区，又归中央政府管辖，唐王朝复归于统一。唐宪宗的年号是"元和"，因而这段时期史称"元和中兴"。

智慧修炼场

1.选一选：此诗中最能体现凯旋将士声势浩大的一句是（ ）

A.荆山已去华山来　　B.日出潼关四扇开

C.刺史莫辞迎候远　　D.相公新破蔡州回

2.选一选：下面哪个诗句也出韩愈之手？（ ）

A.天街小雨润如酥，草色遥看近却无。

B.春眠不觉晓，处处闻啼鸟。

C.独坐幽篁里，弹琴复长啸。

诗人小档案

韩愈（768—824），字退之，河南河阳（今河南省孟州市）人，自称"祖籍昌黎郡"，因此世称"韩昌黎""昌黎先生"。唐中期大臣，著名文学家、思想家、政治家。韩愈作为唐代古文运动的倡导者，名列"唐宋八大家"之首，有"文章巨公"和"百代文宗"之名。与柳宗元并称"韩柳"，与柳宗元、欧阳修和苏轼并称"千古文章四大家"。有《韩昌黎集》传世。

答案：1.B 2.A

与史郎中钦听黄鹤楼上吹笛

〔唐代〕李白

一为迁客①去长沙②,
西望长安不见家。
黄鹤楼中吹玉笛,
江城③五月落梅花④。

字词小贴士

① 迁客：被贬谪之人。　② 去长沙：引用汉代贾谊的典故。贾谊因受权臣谗毁，被贬为长沙王太傅，曾写《吊屈原赋》以自伤。　③ 江城：今武汉市。武汉的别称"江城"即来自"江城五月落梅花"一句。　④ 落梅花：化用古笛曲"梅花落"之名。

诗文转换站

官员一旦被朝廷贬谪外放，就会像贾谊去了长沙，每天向西远望，却望不到长安，也看不见家。

黄鹤楼上传来了凄凉的笛音，仿佛五月的江城落满了梅花。

诗词赏析评

李白因永王李璘事件受到牵连，被流放夜郎，经过武昌游黄鹤楼时作此诗，写游黄鹤楼听笛，抒发了他被贬谪的愤懑和去国怀乡的悲愁。

"一为迁客去长沙"，诗人用贾谊因指责时政，受到权臣的谗毁，被贬长沙的不幸来比喻自身的遭遇，流露了无辜受害的愤懑，也含有自我辩白之意。

"西望长安不见家"，在流放途中，诗人不禁"西望长安"，这里有对往事的回忆，也有对国运的关切和对朝廷的眷恋。

"黄鹤楼中吹玉笛，江城五月落梅花"，时值五月，江城正当初夏，而诗人听到黄鹤楼上的笛声，却感到了梅花飘落的冬季才有的凄凉，这正是其冷落心情的写照。诗人由笛声想到梅花，将听觉转换成视觉，通感交织，虚构出与冷落的心境相吻合的苍凉景色，从而有力地烘托了去国怀乡的悲愁情绪。

诗词趣味多

永王李璘事件：唐至德元年（756年）十二月，永王李璘举兵反叛，得知李白隐居庐山，便几次下达聘书，李白犹豫过后便下山入其幕府。永王不久战败，李白也因此事件受到牵连，被捕入狱，后被流放夜郎。

智慧修炼场

1.飞花令：你还知道哪些含有"笛"的诗句？请再写出三句。

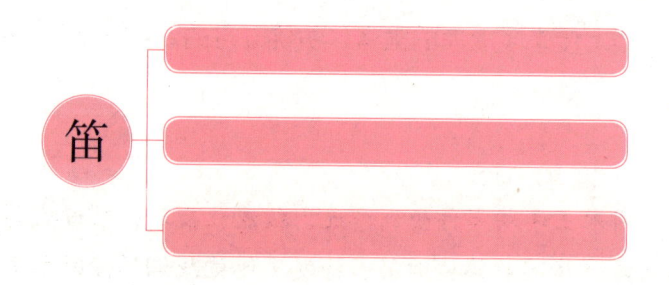

2.选一选：下面提到黄鹤楼的诗句，哪一句的作者是李白？（　　）

A.昔人已乘黄鹤去，此地空余黄鹤楼。
B.故人西辞黄鹤楼，烟花三月下扬州。
C.青山万古长如旧，黄鹤何年去不归？

过分水岭①

〔唐代〕温庭筠

溪水无情似有情，
入山三日得同行。
岭头便是分头②处，
惜别潺湲③一夜声。

字词小贴士

① 分水岭：两个流域分界的山脊或高原。这里是指今陕西省略阳县东南的嶓冢山，它是汉水和嘉陵江的分水岭。　② 分头：分别。　③ 潺湲（chán yuán）：河水缓缓流动的样子。这里指溪水流动的声音。

诗文转换站

溪水看上去是无情之物，却又好像有情，我进入山中的这三天，溪水总是伴着我前行。

登上山头，我就要与溪水分别了，溪水流动的声音响了整夜，如同深情地与我话别。

诗词赏析评

此诗抒写了诗人在过分水岭时的经历与感受。

"溪水无情似有情"，溪水是没有生命的无情之物，却好像对诗人有情，"似"字透出诗人的主观感受。

"入山三日得同行"指出诗人感到溪水"似有情"的原因——与溪水相伴了三天。从"得"字中可以感受到诗人在寂寞旅途中有溪水相伴的欣喜。

"岭头便是分头处，惜别潺湲一夜声"，以与溪水的"惜别"进一步写它的"有情"。溪水彻夜潺湲不停，仿佛也同诗人依依惜别。

本诗语言朴素真挚，又颇富情趣，运用人格化的手法，赋予溪水以人的感情。诗人没有直说自己的孤独寂寞，而是化溪水为有情之物，借溪水来委婉表达自己的感情，显得格外有情致。

诗词趣味多

分水岭：两个流域分界的山脊或高原，也可比喻不同事物的主要分界。在自然界中，分水岭多为山岭、高原。分水岭的脊线叫分水线，是相邻流域的界线，一般为分水岭最高点的连线。

智慧修炼场

1.写一写：诗中哪句最能体现出"溪水无情似有情"？

_____

2.猜一猜：下面的甲骨文是诗中的哪一个字？请你写下来。

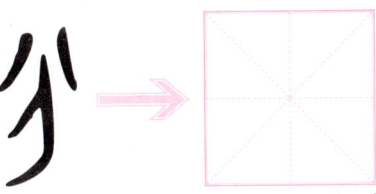

"分"的甲骨文上面是"八"，下面是"刀"。本义是用刀将物体切成两部分或几部分。

诗人小档案

温庭筠（约812—866），晚唐诗人、词人。本名岐，字飞卿，太原祁（今山西省祁县东南）人。富有诗才，与李商隐齐名，时称"温李"。在词上的造诣很高，是"花间派"主要代表，被尊为"花间派"之鼻祖。在词史上与韦庄齐名，并称"温韦"。后人辑有《温飞卿集》。

答案：1.岭头便是分头处。 2.分

第六辑 抒情咏怀

书 愤①

〔宋代〕陆游

早岁②那③知世事艰,
中原北望气如山。
楼船④夜雪瓜洲渡,
铁马⑤秋风大散关⑥。
塞上长城⑦空自许,
镜中衰鬓⑧已先斑。
出师一表⑨真名世,
千载谁堪伯仲⑩间!

字词小贴士

① 书愤：书写自己的愤恨之情。书，写。 ② 早岁：早年，年轻时。 ③ 那：同"哪"。 ④ 楼船：指采石之战中宋军使用的车船，又名明轮船、车轮柯。 ⑤ 铁马：披着铁甲的战马。 ⑥ 大散关：位于今陕西省宝鸡市西南，是当时宋金的西部边界。 ⑦ 塞上长城：比喻能守边的将领。 ⑧ 衰鬓：年老而疏白的头发。 ⑨ 出师一表：指诸葛亮《出师表》。蜀汉后主建兴五年（227年）三月，诸葛亮出兵伐魏前曾写了一篇《出师表》。 ⑩ 伯仲：原指兄弟排行的次序。这里比喻不相上下，难分高低。

诗文转换站

年轻的时候哪里知道世事艰难，向北眺望中原，收复故土的气概坚定如山。

犹记得曾在瓜州渡的雪夜里乘战舰痛击金兵，曾跨战马在秋风中收复大散关。

自己还曾以边塞的长城来自我期许，如今镜中鬓发已先一步斑白。

《出师表》不愧为传世名作，历史上还有谁能像诸葛亮一般鞠躬尽瘁，死而后已！

诗词赏析评

作此诗时诗人已六十一岁，归乡已六年。他想到祖国山河破碎，自己再难征战报国，忧郁愤懑之情勃然而出。全诗感情沉郁，气韵浑厚。

"早岁那知世事艰，中原北望气如山"，诗人追忆年轻时收复山河的宏图伟愿和气壮如山的爱国热情，"那知"二字暗示了诗人尚未得偿所愿，为后几句抒发愤懑之情做了铺垫。

"楼船夜雪瓜洲渡，铁马秋风大散关"，继续追忆诗人亲历的两次抗金战斗，从中流露出诗人抗金复国的豪情壮志。

"塞上长城空自许，镜中衰鬓已先斑"，写出诗人壮志未酬，年岁已老。"空"写出诗人壮志未酬的悲怆愤懑。这两句以沉痛的笔调，抒发了对苟且偷生的投降派的极度愤慨，也通过今昔对比，突出了对现实的不满。

"出师一表真名世，千载谁堪伯仲间"，诗人引用诸葛亮的典故，表明自己的爱国热情始终不减，叹息朝廷无可用之人，也透露出对朝廷不思恢复中原的气愤。

诗词趣味多

1.楼船：中国古代战船，因外观像楼而得名"楼船"，又名明轮船、车轮舸。车船内部安装有踩踏驱动的连接船外的机械明轮，依靠人力踩踏前行，在宋代盛极一时。

2.《出师表》：蜀汉后主建兴五年（227年）三月，诸葛亮出兵伐魏前写成，交与后主刘禅，表达了自己"奖率三军，北定中原""兴复汉室，还于旧都"的坚定决心。

智慧修炼场

1.填一填：诗中"＿＿＿＿＿＿＿＿＿＿"一句用到典故。

2.写一写：你还学过陆游的哪些诗句？请你写下来。

＿＿＿＿＿＿＿＿＿＿＿＿＿＿＿＿＿＿＿＿＿＿＿＿＿＿

＿＿＿＿＿＿＿＿＿＿＿＿＿＿＿＿＿＿＿＿＿＿＿＿＿＿

答案：1.出师一表真名世。 2.例：山重水复疑无路，柳暗花明又一村。 僵卧孤村不自哀，尚思为国戍轮台。 王师北定中原日，家祭无忘告乃翁。

夏日南亭①怀辛大②

〔唐代〕孟浩然

山光③忽西落,池月④渐东上⑤。
散发乘夕凉,开轩卧闲敞⑥。
荷风送香气,竹露滴清响。
欲取鸣琴弹,恨⑦无知音赏。
感此怀故人,中宵⑧劳⑨梦想⑩。

字词小贴士

① 南亭：位于诗人家乡襄阳郊外的岘山附近。 ② 辛大：疑即辛谔，为诗人同乡友人，常于夏日来南亭纳凉，与诗人相约弹琴品酒。 ③ 山光：山边的日影。 ④ 池月：池塘边的月亮。 ⑤ 东上：从东面升起。 ⑥ 卧闲敞：躺在幽静宽敞的地方。 ⑦ 恨：遗憾。 ⑧ 中宵：整夜。 ⑨ 劳：苦于。 ⑩ 梦想：想念。

诗文转换站

山边的日影忽然从西边落下了，池塘边的月亮从东边慢慢升起。

披散着头发在夜晚乘凉，打开窗户躺卧在幽静宽敞的地方。

晚风送来荷花的香气，露水从竹叶上滴下，发出清脆的响声。

想要拿琴来弹奏，可遗憾没有知音来欣赏。

此情此景，怀念起从前的朋友，我整夜都在苦苦地想念。

诗词赏析评

此诗描绘了诗人夏夜乘凉的悠闲，抒发了诗人对老友的怀念之情。

"山光忽西落，池月渐东上"描写了诗人纳凉时的景色变化。

"散发乘夕凉，开轩卧闲敞"描写了诗人纳凉时的状态。

"荷风送香气，竹露滴清响"从嗅觉、听觉两方面描写诗人纳凉时周边的环境，体现出诗人的闲适自得。

"欲取鸣琴弹，恨无知音赏"两句话锋一转，诗人由弹琴想到"知音不在"，心情由惬意转为惆怅、遗憾。

"感此怀故人，中宵劳梦想"以诗人伤感的思绪作结，长夜漫漫，留有余味。

诗词趣味多

古代的窗子：在古代，人们把窗户称为"囱""轩楹""向"等。有人将富贵人家的窗户称为"雕窗""珠窗"等，将普通百姓家的窗户称为"纸窗""草窗"等。"开轩面场圃"里的"轩"和"斜光到晓穿朱户"里的"户"也都是窗户的意思。

智慧修炼场

1.找一找：下面的多宫格中藏着本诗的美句，请你找出并写下来。

荷	花	送	滴	月
气	风	竹	州	响
香	动	光	露	清

2.飞花令：你还知道哪些含有"月"的诗句？请写下来。

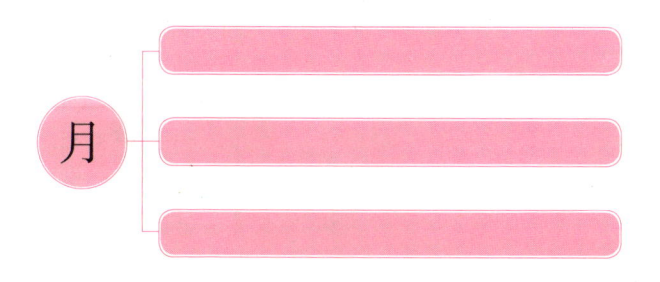

月

答案：1.荷风送香气，竹露滴清响。 2.例：海上生明月，明月来相照，床前明月光

第六辑 抒情咏怀　　27

登高①

〔唐代〕杜甫

风急天高猿啸哀②,
渚③清沙白鸟飞回④。
无边落木⑤萧萧⑥下,
不尽长江滚滚来。
万里⑦悲秋常作客⑧,
百年⑨多病独登台。
艰难⑩苦恨⑪繁霜鬓⑫,
潦倒⑬新停⑭浊酒杯。

字词小贴士

① 登高：农历九月九日为重阳节，自古有登高的习俗。　② 猿啸哀：指长江三峡两岸猿猴凄厉的叫声。　③ 渚（zhǔ）：水中的小块陆地。　④ 鸟飞回：鸟在急风中飞舞盘旋。回，回旋。　⑤ 落木：飘落的树叶。　⑥ 萧萧：风吹落叶的声音。　⑦ 万里：指远离故乡。　⑧ 常作客：长期漂泊他乡。　⑨ 百年：犹言一生，这里借指晚年。　⑩ 艰难：兼指国运和自身命运。　⑪ 苦恨：极恨，极其苦恼遗憾。　⑫ 繁霜鬓：增多了白发。繁，这里作动词，增多。　⑬ 潦倒：衰颓，失意。这里指衰老多病，壮志难酬。　⑭ 新停：最近才停止。重阳登高，按习俗应喝酒。杜甫晚年因肺病戒酒，所以说"新停"。

诗文转换站

狂风呼啸，天空无云，猿猴的啼叫哀戚悲凉，清澈的河水中央有白色的沙洲，上方有鸟儿不停盘旋。

无边无际的落叶簌簌飘落，无穷无尽的长江水滚滚奔涌而来。

面对萧瑟的秋景，想到自己常年漂泊异乡，年纪大了疾病缠身，今日独自登上高台。

极其遗憾、痛恨自己和国家的命运，平添一头白发，衰老多病，壮志难酬，偏偏因病断酒，不得借酒解愁。

诗词赏析评

此诗作于唐代宗大历二年（767年）秋，当时诗人五十六岁，已客居夔州三年，期间生活很困苦，身体多病。此诗写诗人登上高台，眺望萧瑟秋景，引发了身世飘零、壮志难酬的忧愁与悲哀。

此诗前四句写登高见闻，描绘了江边空旷寂寥的景致。

"风急天高猿啸哀,渚清沙白鸟飞回",猿猴凄厉的叫声暗示诗人心中的哀戚之情,飞鸟盘旋暗隐诗人经历过的纠结与苦难。

"无边落木萧萧下,不尽长江滚滚来",以无尽无边的落叶、江水营造出悲壮肃杀的景象,传达出时光易逝、壮志难酬的悲怆。

后四句写诗人对人生的追忆,和如今内心的忧愁、愤懑。

"万里悲秋常作客,百年多病独登台",诗人目睹苍凉秋景,不由想到自己流落他乡、年老多病的处境,故生出无限悲愁之绪。

"艰难苦恨繁霜鬓,潦倒新停浊酒杯",诗人备尝艰难潦倒之苦,国难家愁,使自己白发日多,再加上因病断酒,悲愁就更难排遣。

诗词趣味多

对句:原指古代诗文中字数相同、文意相对的句子。魏晋以来,文人学士讲究声韵骈俪,对句在形式上渐趋格律化。近体诗兴起后,律诗的中间两联(颔联、颈联)多为对句。现也指对联。

智慧修炼场

1.选一选:选出下面诗句中的对句。( )
A.风急天高猿啸哀,渚清沙白鸟飞回。
B.无边落木萧萧下,不尽长江滚滚来。
C.万里悲秋常作客,百年多病独登台。
D.艰难苦恨繁霜鬓,潦倒新停浊酒杯。
2.填一填:你还学过杜甫的《_____》《_____》《_____》(诗词名)。

第七辑

羁旅思乡

宿建德江①

〔唐代〕孟浩然

移舟②泊③烟渚④,
日暮客⑤愁⑥新。
野⑦旷天低树⑧,
江清月近人。

字词小贴士

① 建德江：指新安江流经建德（位于今浙江省）西部的一段。
② 移舟：划动小船。 ③ 泊：停船靠岸。 ④ 烟渚：指江中雾气笼罩的小沙洲。 ⑤ 客：指诗人自己。 ⑥ 愁：这里指诗人因思乡而生的忧愁。 ⑦ 野：原野。 ⑧ 天低树：天幕低垂，好像和树木相连。

诗文转换站

把小船停泊在烟雾弥漫的沙洲边，太阳落山了，思乡的忧愁顿时涌上我的心头。

原野空阔无边，低垂的天幕好像和树连在一起，江水清澈，明月在水中的倒影仿佛与人更亲近了。

诗词赏析评

此诗是孟浩然漫游吴越时的作品。这是一首描写秋江暮色的诗，抒发诗人羁旅思乡之情。

"移舟泊烟渚"一面点题，一面为下文的写景抒情做准备。

"日暮客愁新"抒发了诗人在旅途中油然而生的思念家乡的新愁。

"野旷天低树，江清月近人"两句，以一个对句铺写景物，将一颗愁心化入了空旷寂寥的天地。诗人用无边的旷野和低垂的天幕，衬托出自己的孤寂与忧愁；写江中月的倒影与人亲近，反衬出无人与自己亲近的现状。这两句寄情于景，隐隐透露出诗人的羁旅之苦、思乡之愁。

诗词趣味多

孟浩然曾为在长安入仕准备多年，而今却只能怀着一腔愤懑漫游吴越。此时他茕茕孑立，面对着这四野茫茫、江水悠悠、明月孤舟的景色，羁旅之苦、思乡之愁、仕途失意之愤，不禁涌上心头。这首小诗在情景相生、思与境谐的"自然流出"之中，显示出一种风韵天成、淡中有味、含而不露的艺术美。

智慧修炼场

1.找一找：下面多宫格中藏着此诗中的名句，请你找到并写下来。

舟	近	江	愁
野	低	泊	清
烟	渚	树	暮
旷	天	人	月

_____

2.选一选：下面诗句中哪一句不是孟浩然所写？请你选出来。
（　　）

A.日暮征帆何处泊，天涯一望断人肠。

B.开轩面场圃，把酒话桑麻。

C.岭头便是分头处，惜别潺湲一夜声。

D.荷风送香气，竹露滴清响。

答案：1.野旷天低树，江清月近人。 2.C。

第62课

春夜洛城[1]闻笛

〔唐代〕李白

谁家玉笛[2]暗飞声[3],
散入春风[4]满洛城。
此夜曲中闻折柳[5],
何人不起故园[6]情。

字词小贴士

[1] 洛城：即洛阳，今河南省洛阳市。 [2] 玉笛：笛子的美称。 [3] 暗飞声：声音不知从何处传来。 [4] 春风：春天的风，比喻恩泽、融和的气氛等。 [5] 折柳：即笛曲《折杨柳》，曲中表达了送别时的哀怨感情。《折杨柳》是乐府"鼓角横吹曲"调名，内容多为离情别绪。 [6] 故园：指故乡、家乡。

诗文转换站

不知从谁家飘出的悠扬笛声，随着春风飘荡，传遍了洛阳城。

在这样的夜晚听到一曲《折杨柳》，哪个游子又能不生出怀念故乡的愁情呢？

诗词赏析评

这首诗是李白客居洛阳时所作。诗人在偶然间听到笛声，生出了思乡之情。

"谁家玉笛暗飞声"一句写明了诗人"故园情"的来由，并发出了询问，令读者与诗人一同疑惑。

"散入春风满洛城"是诗人的想象，也是艺术的夸张。笛声在诗人的想象中飘满洛城，仿佛洛城的每一个游子都在凝神静听。

"此夜曲中闻折柳，何人不起故园情"，诗人此时引出思乡之情，水到渠成。"何人"一词虽看似概括了许多人，但实则是用反问的语气肯定了自己的强烈情感。虽刚一提思乡便戛然而止，但结尾余韵袅袅，令人回味无穷。

诗词趣味多

折柳送行：在我国的古代，亲朋好友分别时刻，送行者总要折一段柳条送给远行者。"折柳"一词寓含"惜别"之意。"折柳送行"的习俗最早见于《诗经》："昔我往矣，杨柳依依；今我来思，雨雪霏霏"。因"柳"与"留"谐音，可以表示挽留的意思。

智慧修炼场

1.填一填：诗中"＿＿＿＿＿＿"一句运用了夸张的手法。
2.连一连：下面诗句均出自李白的思乡诗，请匹配对应作品。
①举头望明月，低头思故乡　　　A.《渡荆门送别》
②仍怜故乡水，万里送行舟　　　B.《月下独酌》
③花间一壶酒，独酌无相亲　　　C.《静夜思》

答案：1.散入春风满洛城　2.①—C；②—A；③—B

秋 思

〔唐代〕张籍

洛阳城里见秋风，
欲作家书意万重①。
复恐②匆匆说不尽，
行人③临发④又开封⑤。

字词小贴士

① 意万重：形容思绪万千。　② 复恐：又害怕。　③ 行人：指送信的人。　④ 临发：将要出发。　⑤ 开封：把封好的信拆开。

诗文转换站

洛阳城中又起了秋风，想写一封信给家人，却思绪万千，不知从何写起。

又担心匆忙中没有把想说的都写到信上，便在信差将要出发上路时，再把信封拆开，仔细察看。

诗词赏析评

这首诗通过叙述写信前后的心理活动，表现了诗人的乡愁之深。

"洛阳城里见秋风"，以秋风起兴，秋风一起，北雁南飞，便引起游子想回归故乡的情思。

"欲作家书意万重"写诗人有千言万语却不知从何写起。"意万重"以虚带实，体现了诗人的乡愁之深。

"复恐匆匆说不尽"一句中，"复恐"二字刻画心理入微；"匆匆"刻画了诗人及送信人匆忙的形象；"说不尽"与上文"意万重"紧密呼应。

"行人临发又开封"表现了诗人对想说的话是否已说尽的疑虑和担忧，更显出他对这封家书的重视和对亲人的深切思念。

诗词趣味多

古代送信的方式多样，如烽烟、驿递、托信客等。

①烽烟：一般用来报敌情或灾情。最早的烽火传消息，是通过燃烧可燃物，使远处的人看见烟雾，谓之"狼烟"。

②驿递：主要用于军事情报的递送，类似于今天的"快递"。政府会修驿道，设立驿站，配备专门的人员管理驿站的马匹。送信的人会骑马经由驿道，将信送至收信人手中。

③托信客：民间传信的一种方式。信客一般都由十里八乡中的

某位有信用、有见识的男子担任。他们一般在固定的地区内、沿着固定的路线巡回，为乡亲们收寄来往信件或物品，有时也传口信。

智慧修炼场

1.猜一猜：下面这个甲骨文是这首诗中的哪一个字？请写下来。

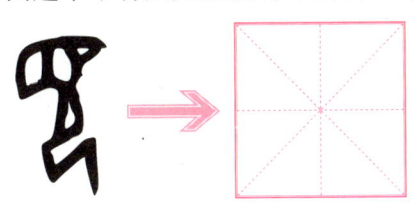

"见"的甲骨文整体上是一个跪坐的人，上半部分强调人的一只大眼睛。本义是看到、看见，特指平视。

2.选一选：下面哪些是描写家书的诗句？（　　　）【多选】

A.劳歌一曲解行舟，红叶青山水急流。

B.马上相逢无纸笔，凭君传语报平安。

C.烽火连三月，家书抵万金。

诗人小档案

张籍（约767—约830），唐代诗人，字文昌，和州乌江（今安徽省和县）人，世称"张水部""张司业"。张籍的乐府诗与王建的乐府诗齐名，并称"张王乐府"。其代表作有《秋思》《节妇吟》《野老歌》等。

答案：1.见。　2.BC。

除夜①作

〔唐代〕高适

旅馆寒灯独不眠,
客②心何事转凄然③。
故乡④今夜思千里⑤,
霜鬓⑥明朝⑦又一年。

字词小贴士

① 除夜：除夕夜。　② 客：指诗人自己。　③ 凄然：形容悲伤。
④ 故乡：借指故乡的亲人。　⑤ 千里：借指离家千里的诗人自己。　⑥ 霜鬓：白色的鬓发。　⑦ 明朝：明天。

诗文转换站

旅馆里燃着凄冷的灯光，我只身一人辗转反侧，难以入睡，心里究竟为了什么事变得悲伤呢？

故乡的亲人今夜也一定十分思念远在千里之外的我，我已然两鬓斑白，到了明天又要增长一岁。

诗词赏析评

此诗写出了除夕之夜他乡游子的真实感受，表达了诗人对家乡亲人的思念和老大无成的伤感。

"旅馆寒灯独不眠"，诗的首句就渲染了凄清的氛围，写出了诗人在除夕之夜孑然一身的孤苦。

"客心何事转凄然"，诗人用提问的形式将情感更直白地展现出来，为下文心理活动的具体刻画打下基础。

"故乡今夜思千里"运用了对写法，表面上写亲人思念"我"，实际上也蕴含了"我"对亲人的思念。

"霜鬓明朝又一年"是诗人对时光流逝之快的感叹，也是对自己老大无成、光阴虚度的感伤。

诗词趣味多

对写法：古代思亲思乡诗中一种独特的写作技法。诗人本是自己思乡怀人，却在诗中不提自己的情愫，从对方下笔，想象对方思念自己的情形，从而委婉含蓄地抒发深挚的情感。

智慧修炼场

1.写一写：请你再写一句思乡的诗句。

_____

2.选一选：下面哪句出自高适的诗？请你选出来。（　　）
A.莫愁前路无知己，天下谁人不识君。
B.爆竹声中一岁除，春风送暖入屠苏。
C.落红不是无情物，化作春泥更护花。

诗人小档案

高适（704—765），字达夫，一字仲武，沧州渤海县（今河北省景县）人，唐代大臣，著名边塞诗人。与岑参并称"高岑"，与岑参、王昌龄、王之涣合称"边塞四诗人"。其诗笔力雄健，气势奔放，洋溢着盛唐时期特有的奋发进取、蓬勃向上的时代精神。

答案：1.例：独在异乡为异客，每逢佳节倍思亲。 2.A

旅次①朔方②

〔唐代〕刘皂

客舍③并州④已十霜⑤,
归心日夜忆咸阳⑥。
无端⑦更渡桑乾水⑧,
却望并州是故乡。

字词小贴士

① 次：临时住宿。　② 朔方：古城名，在桑干河以北。　③ 舍：居住。　④ 并（bīng）州：在今太原一带。　⑤ 十霜：即十年。一年一霜，故称十年为"十霜"。　⑥ 咸阳：古都名，在今陕西省咸阳市。咸阳是诗人的故乡。　⑦ 无端：没有缘由，不知为什么。　⑧ 桑乾水：即桑干河。相传此河在每年桑葚成熟时干涸，故有此名。

诗文转换站

作为异乡人在并州生活已经十年了，我日夜想念着故乡咸阳，想着回到那里去。

不知为什么我再次渡过桑干河，回头再看并州，倒觉得那才是故乡。

诗词赏析评

此诗写诗人离开家乡客居并州十年后，再次渡过桑干河时的感受，表达了诗人对家乡的思念之情，以及对自身飘零命运感到无可奈何的惆怅之情。

"客舍并州已十霜，归心日夜忆咸阳"描写了诗人客居并州的十年间的思乡之情，"日夜"体现了诗人思乡之情的强烈。

"无端更渡桑乾水，却望并州是故乡"写出了诗人回乡途中的所感。在并州生活十年，并州已经成为诗人心中的另一处故乡，所以当诗人再次渡过桑干河、远离并州的时候，再回望愈去愈远的并州，怀念并州的情绪又涌上心头。"忆咸阳"和"望并州"在诗人心里矛盾并存。

诗词趣味多

并州：古州名。相传大禹治水，划分九州。据《周礼》《汉书·地理志上》记载，并州为九州之一。其地理位置约在当今河北省保定市和山西省太原市、大同市一带。本诗中的"并州"指位于今太原市西南的晋阳城。

智慧修炼场

1.猜一猜：下面的甲骨文是诗中的哪一个字？请你写下来。

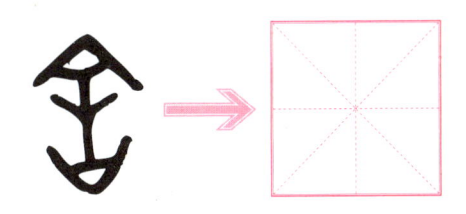

"舍"的甲骨文像一间简易的屋子，有屋顶、大柱、横梁和基石几个部分。本义是客馆。

2.写一写：你还学过哪些思乡诗？请将诗名写下来。

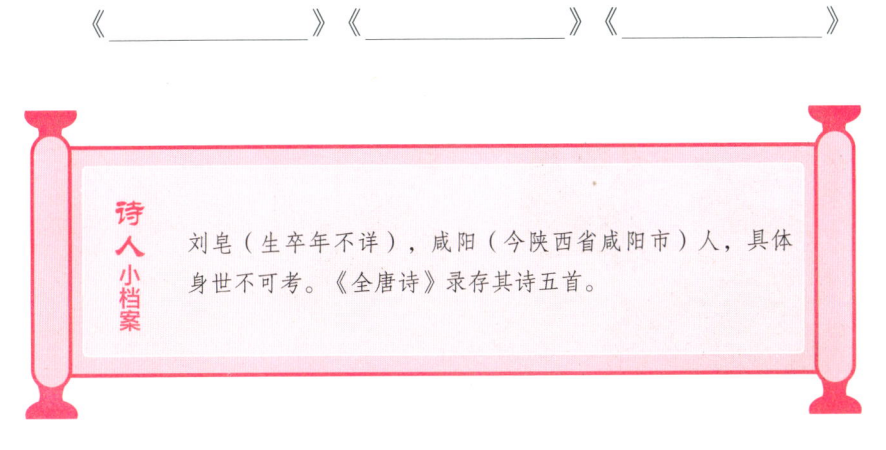

《_____》《_____》《_____》

诗人小档案

刘皂（生卒年不详），咸阳（今陕西省咸阳市）人，具体身世不可考。《全唐诗》录存其诗五首。

夜书所见

〔宋代〕叶绍翁

萧萧梧叶送寒声,
江上秋风动客情①。
知有儿童挑②促织③,
夜深篱落④一灯明。

字词小贴士

① 客情：旅客思乡之情。　② 挑：挑弄、引动。　③ 促织：即蟋蟀，有的地区又叫蛐蛐。　④ 篱落：篱笆。

诗文转换站

梧桐树叶簌簌落下，送来带着寒意的声响，从江上吹来的秋风搅动起游子的思乡之情。

漆黑的深夜中，一点灯火闪烁在篱笆外，料想是有孩子正在捉蟋蟀。

诗词赏析评

这首诗是描写诗人客居异乡，秋夜所见之景，抒发了诗人的羁旅之愁和深挚的思乡之情。

"萧萧梧叶送寒声"运用通感之法，通过描写声音，以听觉引起触觉，渲染了环境的凄清寂寥。

"江上秋风动客情"，"江上秋风"点明秋风起于寒江上，进一步烘托寒凉的气氛。"送"字与"动"字都用得十分传神，前者写"惊"秋之意，后者抒"悲"秋之情。

"知有儿童挑促织，夜深篱落一灯明"两句是倒装句，诗人先见灯火，而后知儿童捉蟋蟀。儿童的无忧无虑与诗人的离愁别绪形成鲜明的对比，反衬出诗人旅居的孤独与愁苦。

诗词趣味多

通感：又叫"移觉"，是一种修辞手法。人们在描述客观事物时，使用各种感官产生的感觉（如听觉、视觉、嗅觉、味觉、触觉等）互相沟通，互相转化，将表示一种感觉的词语移用来表示拥有相似情感色彩的另一种感觉，产生新奇的效果。例如，人们常用"甜美"形容歌声，"甜"属于味觉印象，"美"属于视觉印象，"歌声"则属于听觉感受，如此，味觉、视觉、听觉构成了通感。

智慧修炼场

1.选一选：诗中哪一句运用了"通感"的修辞手法？（　　）

A.萧萧梧叶送寒声　　　B.江上秋风动客情

C.知有儿童挑促织　　　D.夜深篱落一灯明

2.写一写：你还学习过叶绍翁的哪首诗，把其中你喜欢的诗句写下来。

诗人小档案

叶绍翁（1194—?），字嗣宗，号靖逸，龙泉（今浙江省龙泉市）人，江湖派诗人。他的诗以七言绝句最佳，语言清新，意境高远。著有《四朝闻见录》，补正史之不足，被收入《四库全书》。有诗集《靖逸小稿》《靖逸小稿补遗》。

答案：1.A　2.例句：春色满园关不住，一枝红杏出墙来。

邯郸①冬至②夜思家

〔唐代〕白居易

邯郸驿③里逢冬至,
抱膝④灯前影伴身。
想得家中夜深坐,
还应说着远行人⑤。

字词小贴士

① 邯郸（hán dān）：地名，今河北省邯郸市。 ② 冬至：农历二十四节气之一，多在阳历十二月下旬，这天白天最短，夜晚最长。 ③ 驿：驿站，古代传递公文、转运官物、供出差的官员途中歇息的地方。 ④ 抱膝：以手抱膝而坐，有所思貌。 ⑤ 远行人：离家在外的人，这里指诗人自己。

诗文转换站

到邯郸驿站住下时恰逢冬至，我抱膝坐在灯前，只有影子与自己相伴。

想着家里的亲人今日应该也会同坐到深夜，还会谈论着我这个离家远行的人。

诗词赏析评

此诗细致描写了诗人在冬至夜晚的境遇和所思所感，表达了诗人的孤寂之感、思乡之愁和怀亲之意。

"邯郸驿里逢冬至，抱膝灯前影伴身"，在唐代，人们冬至时常常与亲人一起在家中度过，而如今诗人独自在异乡。"抱膝"描绘出诗人孤寂、忧伤的形态；"影伴身"进一步表现了诗人孑然一身，只有影子相伴的孤寂，侧面表现了诗人思家之情的深切。

"想得家中夜深坐，还应说着远行人"，诗人不直接写自己思家，而是通过对家中场景的想象，直白地展现自己对家人的惦念和强烈的思归之情，真实感人。

此诗以直率而质朴的语言和人们常有的生活体验抒发自己的感情，显得真挚动人。

诗词趣味多

冬至：二十四节气中一个重要的节气，古时民间将其作为传统的祭祖节日之一，有"冬至大如年"的说法。古时的这一天，朝廷会放假，家家户户都团聚在家中过节，人们穿新衣，互赠饮食，互致祝贺，喜庆热闹。

智慧修炼场

1.选一选：此诗中"还应说着远行人"没有直接抒发自己的思乡之情，而是运用了对写法。下面抒发思乡之情的诗中，哪一句也用了对写法？（　　）

A.归心日夜忆咸阳

B.故乡今夜思千里

C.江上秋风动客情

2.写一写：你还学过白居易的哪些诗？请你从其中挑选几句喜欢的写下来。

_____

_____

_____

答案：1.B 2.例：日出江花红胜火，春来江水绿如蓝。　乱花渐欲迷人眼，浅草才能没马蹄。　野火烧不尽，春风吹又生。

早寒江上有怀

〔唐代〕孟浩然

木①落雁南度②,北风江上寒。
我家襄水③曲,遥隔楚云端④。
乡泪客中尽,孤帆天际看。
迷津⑤欲有问,平海⑥夕漫漫。

字词小贴士

① 木：树叶。　② 南度：向南飞。　③ 襄水：汉水流经襄阳（今湖北省襄阳市）境内的一段。　④ 楚云端：诗人家住襄阳，古属楚国，故诗中称"楚云端"。　⑤ 迷津：迷失道路。津，渡口。　⑥ 平海：宽广平静的江面。

诗文转换站

树叶飘落，大雁飞向南方，北风吹来，江上十分寒凉。

我家乡在襄水的弯曲处，在楚地与我遥遥相隔。

思乡的泪水在羁旅漂泊中流尽，远望水天交界处的独行船只。

风烟弥漫，寻不到乘船的渡口，只见宽广平静的江面上映着西落的夕阳。

诗词赏析评

这是一首羁旅思乡诗，既包含了诗人的怀乡思归之情，又兼有其对前途的疑虑。

"木落雁南度，北风江上寒。"诗人捕捉了秋季的典型意象来渲染秋景，营造出凄冷、愁苦的氛围。

"我家襄水曲，遥隔楚云端。""遥隔"两字，表明与家乡相距之远和归乡之难。"楚云端"给人以回乡"难于登天"之感。此两句侧面描写诗人思乡的深切。

"乡泪客中尽，孤帆天际看。"诗人直接描写自己的思乡之情，一个"尽"字把思乡之情表达得淋漓尽致。诗人想象天边的孤帆能将自己带回故乡，对思乡之情的展现更进一步。

"迷津欲有问，平海夕漫漫。"诗人引用孔子使子路问津的典故，暗示自己内心"隐居"和"从政"的矛盾。"平海夕漫漫"烘托出诗人迷茫的心情，把思归的哀情和对前途渺茫的愁绪都寄寓在这黄昏江景中。

诗词趣味多

子路问津：指孔子周游列国的途中让子路打听渡口之事。后来"问津"泛指探问情况（多用于否定式），例如"无人问津"。

长沮、桀溺耦而耕，孔子过之，使子路问津焉。长沮曰："夫执舆者为谁？"子路曰："为孔丘。"曰："是鲁孔丘欤？"曰："是也。"曰："是知津矣。"（《论语·微子》）

智慧修炼场

1.写一写：你还知道哪句诗是用了典故的？请写下来。

_____

2.猜一猜：下面的甲骨文是诗中的哪一个字？请写下来。

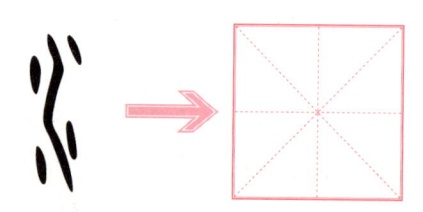

"水"的甲骨文形似水流动的样子，本义是水流。与水相关的字，大多用"水"作为偏旁。

答案：1.例：借问酒家何处有，牧童遥指杏花村。 2.水

蜀中九日

〔唐代〕王勃

九月九日①望乡台②，
他席③他乡送客杯。
人情已厌南中④苦，
鸿雁那⑤从北地来。

字词小贴士

① 九月九日：指农历九月九日的重阳节。 ② 望乡台：古代离家在外的人往往登到高台上，向家乡的方向眺望，这种或自然形成或人为建造的高台在供人眺望家乡时被称为"望乡台"。 ③ 他席：别人的酒席。这里指为友人送行的酒席。 ④ 南中：南方。这里指四川一带。 ⑤ 那：为何。

诗文转换站

九月九日重阳节这天，我登上高台向家乡眺望，在异乡的别宴上喝着送别友人的酒。

人都已经厌倦了客居在南方的愁苦，鸿雁又为什么特地从北方飞来？

诗词赏析评

此诗写诗人客居异乡时，在重阳节这天与友人一起登高，眺望家乡，而后与友人作别，由此引发了浓郁的乡愁。

"九月九日望乡台，他席他乡送客杯"两句格式工整，"望乡台"与"送客杯"对仗，先点明思乡，再用他乡送客来衬托思乡的情怀。这两句描写一个令人伤感的环境，诗人身在其中，自然被勾起了浓郁的乡愁。

"人情已厌南中苦，鸿雁那从北地来。"北雁南飞本是自然现象，诗人却因自己厌倦漂泊和思念家乡的感情责怪鸿雁，反衬出北人久居南方思念故乡的苦闷。这两句用人与雁的强烈对比强化了诗人真挚的感情，将思乡的情绪推向了高潮。

诗词趣味多

鸿雁：即大雁，一种大型候鸟，每年秋季向南迁徙，春季向北迁徙。鸿雁由于其南北迁徙的习性，常常引起游子思乡怀亲之情，在诗词中是象征流民哀情、游子乡情、书信等的意象。如唐代诗人王湾《次北固山下》："乡书何处达？归雁洛阳边。"

智慧修炼场

1. 选一选："人情已厌南中苦，鸿雁那从北地来"一句，表达了诗人的什么感情？（ ）

A. 厌恶鸿雁秋季南飞的习性

B. 久居南方思念故乡的苦闷

2. 连一连：下面诗句均出自王勃，请你帮它们找到作品。

① 海内存知己，天涯若比邻　　　A.《山中》

② 不知来送酒，若个是陶家　　　B.《九日》

③ 长江悲已滞，万里念将归　　　C.《送杜少府之任蜀州》

诗人小档案

王勃（约650—约676），字子安，绛州龙门县（今山西省河津市）人。唐代文学家，与杨炯、卢照邻、骆宾王并称为"初唐四杰"。他擅长五律和五绝，代表作品有《送杜少府之任蜀州》等；主要文学成就是骈文，代表作品有《滕王阁序》等。著有《王子安集》等。

答案：1.B　2.①—C；②—B；③—A

商山早行

〔唐代〕温庭筠

晨起动征铎①,客行悲故乡。
鸡声茅店月,人迹板桥霜。
槲②叶落山路,枳③花明驿墙。
因思杜陵④梦,凫⑤雁满回塘⑥。

字词小贴士

① 征铎（duó）：车行时悬挂在马颈上的铃铛。　② 槲（hú）：一种落叶乔木。　③ 枳（zhǐ）：一种落叶灌木。　④ 杜陵：位于长安城南的汉宣帝陵园。这里借指长安。　⑤ 凫：野鸭。　⑥ 回塘：弯曲的湖塘。

诗文转换站

清晨起床，拉车的马脖颈上的铃铛已叮当作响，游子踏上旅途，还一心思念着故乡。

在鸡啼声中，月光照耀着茅草搭的旅店，木板桥上落了霜，留下了人行的足迹。

枯败的槲叶落满了荒山的野路，初绽的枳花点亮了驿站的破墙。

因为此情此景，我回想起昨夜梦见的杜陵美景，弯曲的湖塘中满是野鸭、大雁在游水嬉戏。

诗词赏析评

诗人在此诗中大量描绘旅途中清晨寒冷凄清的景色，以景衬情，抒发了诗人远游在外的孤寂和浓浓的思乡之情。

"晨起动征铎，客行悲故乡"两句描写了清晨的情景，直言了羁旅思乡的悲凉心情。

"鸡声茅店月，人迹板桥霜"两句皆用名词，罗列了六种意象，进一步描绘了清晨凄清的景色，烘托了诗人凄凉孤寂的心情。

"槲叶落山路，枳花明驿墙"两句，写的是诗人刚出发时看见的景色，用落叶衬托山路的荒凉，用花对比出驿站的破败。

"因思杜陵梦，凫雁满回塘"，这两句表明了诗人思归之切；同时又用梦中美好的景象，反衬诗人奔波在外不得归处的愁苦。

诗词趣味多

请欣赏温庭筠的代表词作,品味其中的思想感情。

菩萨蛮

〔唐代〕温庭筠

小山重叠金明灭,鬓云欲度香腮雪。懒起画蛾眉,弄妆梳洗迟。

照花前后镜,花面交相映。新帖绣罗襦,双双金鹧鸪。

智慧修炼场

1.找一找:下面的多宫格中藏着此诗中的名句,请你找到并写下来。

鸡	店	落	板
槲	声	月	木
茅	叶	迹	桥
枳	人	霜	花

2.选一选:下面哪句也出自温庭筠?请你选出来。(   )

A.溪水无情似有情,入山三日得同行。

B.木落雁南度,北风江上寒。

C.此夜曲中闻折柳,何人不起故园情。

答案:1.鸡声茅店月,人迹板桥霜。 2.A

第八辑 哲理悟道

第71课

题西林壁①

〔宋代〕苏轼

横看②成岭侧成峰，
远近高低各不同。
不识③庐山真面目④，
只缘⑤身在此山⑥中。

字词小贴士

① 题西林壁：写在西林寺的墙壁上。题，书写、题写。　② 横看：此处表示从正面看。地理上东西为横，南北为纵，因为庐山是南北走向的，故此处的"横看"即"从东西方向看"，即"从正面看"。　③ 识：认识，识别。　④ 真面目：指庐山真实的景色、

形态。　⑤ 缘：因为。　⑥ 此山：这座山。这里指庐山。

诗文转换站

庐山从正面看是连绵起伏的山岭，从侧面看是高耸的山峰，从不同远近、高低的位置看过去，都呈现出不同的形态。

我们不能辨别庐山真正的景色、形态，就是因为我们身处在庐山之中。

诗词赏析评

这首诗是诗人被贬期间游庐山时所作。这是一首哲理诗，其哲理蕴含在对庐山景色的描绘之中。

"横看成岭侧成峰，远近高低各不同"两句，直白地叙述了一个事实：游人观看庐山的角度不同，看到的庐山的形态也不一样。这两句作为事实基础，为下面两句的说理做了铺垫。

"不识庐山真面目，只缘身在此山中"紧接前两句对景物的议论，阐述由此引发的哲理思考。人们之所以不能辨认庐山的真实样貌，是因为身在庐山之中，只能看到它的局部，因此认识带有片面性。游山所见如此，观察世上事物也常如此。

此诗启迪人们：由于人们所处的境地不同，看问题的出发点不同，对客观事物的认识也会有差异，难免带有一定的片面性；要认识事物的真相与全貌，必须突破狭小的视角，客观全面、多角度地审视。

诗词趣味多

宋代以前的诗歌主要以言志、言情为特点，宋朝诗人，尤其是苏轼的诗歌，则树立了以言理为特色的新诗风。这种诗风用苏轼的话来说,便是"出新意于法度之中,寄妙理于豪放之外"。这类言理诗有言浅意深、因物寓理、寄至味于淡泊的特点。

智慧修炼场

1. 填一填:用本诗中的诗句回答,游人"不识庐山真面目"的原因是"_____"。

2. 选一选:此诗想告诉人们的哲理是(　　)

A. 庐山形态千奇百怪,没有固定形状。

B. 游庐山时,从外部游览最合适。

C. 要认识事物的真相与全貌,必须多角度、客观全面地审视。

诗人小档案

苏轼(1037—1101),字子瞻,号东坡居士,世称苏东坡、苏仙,眉州眉山(今四川省眉山市)人,北宋文学家、书法家、美食家、画家。苏轼是北宋中期的文坛领袖,与黄庭坚并称"苏黄";其词开豪放一派,与辛弃疾同是豪放派代表,并称"苏辛";他散文著述宏富,豪放自如,与欧阳修并称"欧苏",为"唐宋八大家"之一;苏轼善书,为"宋四家"之一;他还擅长文人画,尤擅墨竹、怪石、枯木等。

答案:1.只缘身在此山中。 2.C

登鹳雀楼①

〔唐代〕王之涣

白日②依山尽③,
黄河入海流。
欲穷④千里目⑤,
更⑥上一层楼。

> **字词小贴士**
>
> ① 鹳(guàn)雀楼:旧址在今山西省永济市,楼高三层,前对中条山,下临黄河。传说常有鹳雀在此停留,故有此名。 ② 白日:太阳。 ③ 尽:消失。 ④ 穷:尽,使达到极点。 ⑤ 千里目:眼界宽阔。 ⑥ 更:再。

诗文转换站

夕阳依傍着山峦慢慢落下，滔滔黄河朝着大海奔流而去。
想要眼界更开阔，望得更远，就需要再登上更高的城楼。

诗词赏析评

这首诗描写了诗人在鹳雀楼登高望远时看到的景色，并阐述了他体悟到的人生哲理，同时反映了盛唐时期人民积极向上的进取精神。

"白日依山尽，黄河入海流"两句，诗人运用极其浅显、精练的语言高度概括了进入诗人视野的万里河山。

"欲穷千里目，更上一层楼"两句发表议论，出人意表，又与前两句写景诗承接得十分自然、紧密，运用形象思维来显示生活哲理：要站得高才能看得远。

清代诗评家认为："王诗短短二十字，前十字大意已尽，后十字有尺幅千里之势。"这首诗是唐代五言诗的压卷之作。

诗词趣味多

《梦溪笔谈》中曾指出，唐人在鹳雀楼所留下的诗"唯李益、王之涣、畅当三篇，能状其景"。请欣赏畅当的《登鹳雀楼》。

登鹳雀楼
〔唐代〕畅当
迥临飞鸟上，高出世尘间。
天势围平野，河流入断山。

智慧修炼场

1.找一找：下面的多宫格中藏着此诗中的名句，请你找到并写下来。

黄	穷	白	日
欲	一	千	里
更	上	山	楼
河	目	层	入

_____

2.选一选：下面的叙述，更准确的一项是（ ）

A.此诗意在描绘太阳落山、黄河入海的风景图。

B.此诗意在通过描写登楼所见的风景，表现"站得高才能看得远"的生活哲理。

> **诗人小档案**
>
> 王之涣（688—742），字季凌，原籍晋阳（今山西太原市），后迁居绛州（今山西省新绛县）。盛唐时期著名诗人，以善于描写边塞风光著称。其人豪放不羁，常击剑悲歌，其诗多被当时乐工制曲歌唱。代表作有《登鹳雀楼》《凉州词》等。

答案：1.欲穷千里目，更上一层楼。 2.B

新 竹

〔清代〕郑燮

新竹高于旧竹枝,
全凭老干为扶持①。
明年再有新生者,
十丈②龙孙③绕凤池④。

字词小贴士

① 扶持：支持、帮助，含有关怀照顾之意。 ② 十丈：大约三十米。这里指新竹会长得更高。 ③ 龙孙：指竹笋、新竹。 ④ 凤池：即凤凰池，古时指宰相衙门所在地，这里指周围生长竹子的池塘。

诗文转换站

新生的竹子要比旧竹子高，全凭借着旧竹枝干的滋养和支撑。

明年再长出来的新竹子，会长得更高，郁郁葱葱地遍布池塘周围。

诗词赏析评

这首题诗是诗人为祝贺他哥哥得子而作的。本诗通过描写新竹生长，揭示了自然界和人类社会中新旧相依、新陈代谢的普遍规律。

"新竹高于旧竹枝，全凭老干为扶持"展现了新竹超越旧竹、旧竹扶持新竹的关系，深刻地揭示了人生哲理：年轻人总要胜过前人，青出于蓝而胜于蓝；但新生力量的成长壮大，又离不开老一辈的扶持和爱护。

"明年再有新生者，十丈龙孙绕凤池"是诗人的展望，他用新竹比喻新生儿，通过对新竹的期望，表达了希望侄子后来居上、出人头地的美好愿望。

诗词趣味多

丈：古代长度的度量单位。寸、尺、丈等都是中国传统的度量单位。一丈是十尺，一尺是十寸；三尺的长度大约一米，一丈是三米多。直到现在，我们还经常会听到老师说"手离笔尖一寸，眼离书本一尺"。

智慧修炼场

1.写一写：这首诗哪两句揭示了"年轻人总要胜过前人，但新生力量的成长壮大，又离不开老一辈的扶持和爱护"的人生哲理？请你写下来。

_____

_____

2.连一连：下面都是描写竹子的诗句，你能帮助他们找到作者吗？

①过江千尺浪，入竹万竿斜　　　　　　A.郑燮
②独坐幽篁里，弹琴复长啸　　　　　　B.李峤
③咬定青山不放松，立根原在破岩中　　C.王维

答案：1.新竹高于旧竹枝，全凭老干为扶持。2.①—B；②—C；③—A

观书有感（其一）

〔宋代〕朱熹

半亩方塘一鉴①开，
天光云影共徘徊②。
问渠③那得④清如许⑤？
为有源头活水来。

字词小贴士

① 鉴：镜子。此处指水塘像鉴（镜子）一样可以照人。　② 徘徊：来回移动。　③ 渠：第三人称代词。这里指代方塘之水。　④ 那得：即"哪得"，怎么会。　⑤ 清如许：像这样清澈。

诗文转换站

　　半亩大的方形池塘像一面镜子一样在天空之下展开，天上的光亮和云的影子在水面上闪耀浮动。
　　要问池塘里的水为什么这样清澈呢？是因为有永不枯竭的源头流出的活水不断输送进来。

诗词赏析评

　　这是一首借景喻理的名诗。此诗以池水作比喻，通过介绍活水不断注入池塘使池水清澈的现象，揭示了不断接受新事物才能保持思想的活跃与进步的哲理。

　　"半亩方塘一鉴开，天光云影共徘徊"用优美的笔触，生动地描绘了池水的清澈，作为论据，为后两句揭示哲理打下基础。

　　"问渠那得清如许？为有源头活水来"，"源头活水"比喻在书中获得的新知识、新感悟，也比喻在世界不断更新和发展的过程中出现的新知识，揭示了要想思想活跃、进步、不陈腐，就要不断地接收新的知识的道理。

诗词趣味多

　　朱熹是南宋时期学问非常精深的人，他很注重对学问的追求，重视知识学习的循序渐进。朱熹虽然十分强调研究学问的重要性，但是读书也并非朱熹的最高志向，以儒家圣贤为目标才是他的终极追求。他不为读书而读书，不为写诗而写诗，他的治学及文学活动的目的都是为了揭示道理。他认为一个人只有境界高了，才能符合儒家的道德伦理要求，才能出言为圣，立行为贤，才能无往而无不往。

智慧修炼场

1.这首诗告诉了我们一个什么哲理？（　　）
A.小池塘的水比大池塘清澈。
B.池水保持清澈，人的思想才能不陈腐、不枯竭。
C.不断接受新事物，才能保持思想的活跃与进步。

2.猜一猜：下面的甲骨文是诗中的哪一个字？请你写下来。

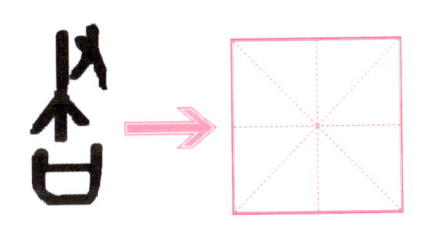

"书"的甲骨文的上半部分表示一只手拿着一支毛笔，下半部分表示墨汁或砚台，整体表示持笔蘸墨。本义是将毛笔放在墨池中蘸墨以便书写。

诗人小档案

朱熹（1130—1200），字元晦，又字仲晦，号晦庵，晚称晦翁。南宋时期理学家、教育家、诗人。朱熹是"二程"（程颢、程颐）的三传弟子李侗的学生，他的思想体系与"二程"的一脉相承，合称"程朱学派"。朱熹是理学集大成者，闽学代表人物，被后世尊称为"朱子"。他的理学思想影响很大，成为元、明、清三朝的官方哲学。朱熹著述甚多，有《四书章句集注》《周易读本》《楚辞集注》等。

答案：1.C 2.书

观书有感（其二）

〔宋代〕朱熹

昨夜江边春水生，
蒙冲①巨舰一毛轻②。
向来③枉费推移④力，
此日中流⑤自在行。

字词小贴士

① 蒙冲：古代具有良好防护的进攻型快艇。这里指大船。 ② 一毛轻：像一片羽毛一般轻盈。 ③ 向来：原先，指春水上涨之前。 ④ 推移：指水浅时行船困难，需要人费力推动才能行进。 ⑤ 中流：河流的中央。

诗文转换站

昨天夜晚，江边的春水大涨，沉重的大船变得像一片羽毛一般轻盈。

从前耗费大力气也推不动，今天它却能在江水中自在漂流。

诗词赏析评

这首诗通过描写水涨水落、船行船止的现象，喻万物之规律：时机不成熟，事倍而功半；时机成熟，事半而功倍。

"昨夜江边春水生，蒙冲巨舰一毛轻"，诗人用平实的语言叙述了本来沉重的大船，在涨水后如羽毛般轻盈的现象，为后两句的说理做好准备。

"向来枉费推移力，此日中流自在行"，诗人将平日大船的难以行进和此日大船的轻松行进进行对比，揭示了普遍的道理：万物运行各有其理，条件不成熟时奋力劳作也是事倍功半；但在条件成熟时做事，就会游刃有余、水到渠成。

诗词趣味多

涨潮是一种自然现象，主要由月球的引力造成。海水有涨潮和退潮现象。涨潮时，海水上涨，波浪滚滚，景色十分壮观；退潮时，海水退去，露出海水下的沙滩。涨潮和落潮一般一天各两次。

智慧修炼场

1.填一填：原先大船在江中行进很费力，因为"＿＿＿＿＿＿＿＿＿＿＿＿＿"（用诗句回答），今天大船像羽毛一样漂浮在大江中，行进自如。

2.连一连：下面的诗句均出自诗人朱熹，请你找到它们对应的作品。

①等闲识得东风面，　　　　　A.《观书有感·其一》
　万紫千红总是春。

②问渠那得清如许，　　　　　B.《题榴花》
　为有源头活水来。

③五月榴花照眼明，　　　　　C.《春日》
　枝间时见子初成。

答案：1.向来枉费推移力　2.①—C；②—A；③—B

过松源晨炊漆公店①

〔宋代〕杨万里

莫言②下岭便无难,
赚得③行人错喜欢④。
正入万山围子里,
一山放出一山拦⑤。

字词小贴士

① 松源、漆公店：地名，在今皖南山区。② 莫言：不要说。
③ 赚得：骗得。④ 错喜欢：白白欢喜。⑤ 拦：阻拦，阻挡。

诗文转换站

不要说从山岭上下来就没有困难，骗得远行来此的人白白欢喜。

就好像你正行走在群山的包围之中，刚出了一座山，又被另一座山阻拦了去路。

诗词赏析评

这首诗通过对景物的描写和对山区行路的感受，说明了一个具有普遍意义的深刻道理：人们无论做什么事，都要为之后的困难做好充分的估计和准备，不要因一时的成功而陶醉。

"莫言下岭便无难，赚得行人错喜欢"，这两句道出了人们下山过程的艰难和因"下岭难"产生的失落情绪。"莫言"既表达了诗人的自我反思，又包含了他对别人的告诫之意。"赚"字幽默风趣，"错"字突出了"行人"被"赚"后的失落神态。

"正入万山围子里，一山放出一山拦"紧承上句，解释了"错喜欢"的原因。诗人把山说成了有生命、有灵性的东西，仿佛它故意给行人设下层层圈套，而行人下山时的种种心情都在这一"拦"一"放"的重复中体现出来。

这首诗展现的现象容易令读者联想到自己类似的经历，能够引起读者的思考。

诗词趣味多

《过松源晨炊漆公店》是绍熙三年（1192年）杨万里在建康江东转运副使任上外出记行之作。这组诗共有六首，写的都是春日山行的情景。下面来欣赏一下《过松源晨炊漆公店》的第二首：

山北溪声一路迎，山南溪乡送人行。

也知流向金陵去，若过金陵莫寄声。

智慧修炼场

1.填一填：此诗"_____"一句运用了生动形象的拟人。

2.写一写：你还学过诗人杨万里的哪些诗？请在每首诗中挑选一句写下来。

_____

_____

_____

冬夜读书示①子聿②（其三）

〔宋代〕陆游

古人学问无遗力③，
少壮工夫④老始成。
纸⑤上得来终觉浅，
绝知⑥此事要躬行⑦。

字词小贴士

① 示：训示，指示。　② 子聿（yù）：陆游的小儿子。　③ 无遗力：用出全部力量，没有一点保留。　④ 工夫：做事所耗费的时间。　⑤ 纸：书本。　⑥ 绝知：深入、透彻地理解。　⑦ 躬行：亲身实践。

诗文转换站

古人在学习上竭尽全力，年轻时花费了许多时间，到老年才有所成就。

从书本上得来的知识终究觉得浅显，要透彻地认识事物还是要亲身实践。

诗词赏析评

这是一首教子诗，诗人在此诗中告诫儿子学习要孜孜不倦、持之以恒，并在书本与实践的关系上强调了实践的重要性。

"古人学问无遗力，少壮工夫老始成"两句，表现了古人刻苦的精神和做学问的艰难。"无遗力"形容古人勤奋用功、孜孜不倦的程度，生动形象。诗人借这两句告诫儿子，学问不是一朝一夕做成的，想要学成还得长时间刻苦努力。

"纸上得来终觉浅，绝知此事要躬行"两句，强调在做学问一事上亲身实践的重要性。书本知识固然重要，但不能只会纸上谈兵，还要加以实践。"躬行"包含两层意思：一是学习过程中要"躬行"，"口到、手到、心到"，不偷工减料；二是获取知识后要"躬行"，通过实践将理论化为己有，转为己用。诗人用这两句激励儿子不要满足于书本知识，而应在实践中夯实知识，进一步获得升华。

诗词趣味多

教子诗：许多名人不仅自身清正廉洁、体恤百姓，对子女也教养严格，有大量"教子诗"流传后世。

这些"教子诗"从节俭、勤学、廉洁、言谈等多方面对子女进行教导和告诫，饱含着长辈对子女品德高尚、学有所成的期盼和殷殷关爱之情。如今读来，依旧令人感触颇深、受益匪浅。

智慧修炼场

1.选一选：诗人用诗中的哪一句教育儿子不仅要学好书本知识，更要亲自实践？请你选出来。（　　）

A.古人学问无遗力

B.少壮工夫老始成

C.纸上得来终觉浅

D.绝知此事要躬行

2.写一写：你还学习过陆游的哪些诗词？请你将题目写下来。

《＿＿＿＿＿》《＿＿＿＿＿》《＿＿＿＿＿》

答案：1.D　2.例：游山西村　卜算子·咏梅　书愤

劝　学

〔唐代〕颜真卿

三更①灯火五更鸡②,
正是男儿读书时。
黑发③不知勤学早,
白首④方⑤悔读书迟。

字词小贴士

① 三更：约为现在的23点至1点。更，古时计算夜间时间的单位。
② 五更鸡：天快亮时鸡啼叫。 ③ 黑发：指年轻的时候。 ④ 白首：这里指年老的时候。 ⑤ 方：才。

诗文转换站

每天半夜还在秉烛夜读，黎明鸡啼时就又起床了，这正是男儿读书的时间。

年轻的时候不知道早点勤奋学习，年老的时候才后悔读书少就太迟了。

诗词赏析评

诗人借这首诗劝勉年轻人珍惜少壮年华，勤奋学习，否则到老一事无成，后悔就晚了。

"三更灯火五更鸡，正是男儿读书时"是说勤奋的人起得早，休息得晚，一天中的大部分时间都用来学习。诗人用这两句劝勉年轻人学习应该勤奋刻苦、孜孜不倦。

"黑发不知勤学早，白首方悔读书迟"是说年轻时不好好学习，老了以后后悔就晚了。句子中的"黑发""白首"采用借代的修辞方法，借指青年和老年。诗人用这两句告诫年轻人读书学习要趁早，不要等到年老后悔了才去学习。

这首诗说理深入浅出，自然流畅。诗人从学习的时间这一角度立意，劝勉年轻人不要虚度光阴，要及早学习、刻苦学习，免得将来后悔。

诗词趣味多

更：古人把一夜分为五更，两更之间的时间约为两小时。一更约为19时至21时，二更约为21时至23时，三更约为23时至1时，四更约为1时至3时，五更约为3时至5时。

智慧修炼场

1.写一写：本诗中"＿＿＿＿＿＿＿＿＿＿＿＿＿＿"两句与"少壮不努力，老大徒伤悲"意思接近。

2.猜一猜：下面的甲骨文是诗中的哪一个字？请你写下来。

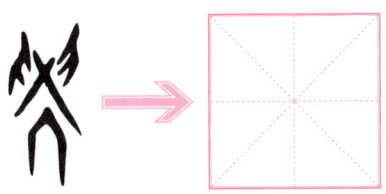

"学"的甲骨文的下部是一间房屋的形状，上部是两手摆弄算筹的样子，整体表示在房屋内学习使用算筹算术，即指学校。

诗人小档案

颜真卿（709—785），字清臣，京兆万年（今陕西省西安市）人，祖籍琅琊临沂（今山东省临沂市），唐代名臣、书法家。颜真卿书法精妙，擅长行书、楷书。其正楷端庄雄伟，行书气势遒劲，创"颜体"，对后世影响深远。他与欧阳询、柳公权、赵孟頫并称为"楷书四大家"，又与柳公权并称"颜柳"，两人的书法风格被称为"颜筋柳骨"。又善诗文，有《韵海镜源》《礼乐集》《吴兴集》《庐陵集》《临川集》，均失传。

第八辑　哲理悟道

第79课

琴　诗

〔宋代〕苏轼

若①言琴上有琴声，
放在匣中何②不鸣？
若言声在指头上，
何不于君指上听？

字词小贴士

① 若：如果。　② 何：为什么。

诗文转换站

如果说琴上有琴声，把它放在箱子中它为何不响呢？

如果说声音在弹琴的手指上，为什么不在琴师的手指上听琴呢？

诗词赏析评

这首诗对琴音的来源进行了思辨：琴上无声，因此琴音的产生不单靠琴；手指上无琴声，因此琴音的产生单靠手指也不行。言外之意，要想产生出优美的琴音，要靠手指与琴的结合作用。

本诗语言朴实无华，举例浅显易懂，哲理性很强。诗人通过两次反问，否定了两种片面的看法，暗示了事物在联系中相互作用的哲理。

诗词趣味多

古琴：又称瑶琴、玉琴、七弦琴，是中国传统拨弦乐器，有三千年以上的历史，属于"八音"（金、石、土、革、丝、木、匏、竹）中的"丝"。琴的音域宽广，音色深沉，余音悠远。2003年11月7日，中国古琴艺术当选世界非物质文化遗产。

智慧修炼场

1.选一选：下面诗句中哪一句的作者不是苏轼？（　　）
A.水光潋滟晴方好，山色空蒙雨亦奇。
B.竹外桃花三两枝，春江水暖鸭先知。
C.柳条百尺拂银塘，且莫深青只浅黄。

2.填一填：你还知道苏轼的哪些诗词？请将题目写下来。
《＿＿＿＿》《＿＿＿＿》《＿＿＿＿》

答案：1.C 2.例：《题西林壁》《惠崇春江晚景》《饮湖上初晴后雨》

登飞来峰①

〔宋代〕王安石

飞来山上千寻塔②,
闻说③鸡鸣见日升。
不畏浮云④遮望眼⑤,
自缘身在最高层。

字词小贴士

① 飞来峰：山名。传说此峰是从琅琊郡东武县飞来的，故名飞来峰。　② 千寻塔：很高的塔。寻，古时长度单位，八尺为一寻。　③ 闻说：听说。　④ 浮云：在山间浮动的云雾。　⑤ 望眼：视线。

诗文转换站

登上飞来峰顶高高的塔，听说鸡鸣的时候可以看到旭日升起。不担心山间的云雾遮挡远眺的视线，因为我站在最高的地方。

诗词赏析评

这首诗写于诗人正值壮年时，诗人借助登峰顶高塔来表达自己的凌云壮志和进取精神，也揭示了在更高的层次能拥有更高视野的道理。

"飞来山上千寻塔，闻说鸡鸣见日升"两句，诗人用"山"及"千寻"，写出所立足之处——塔的地势之高；"闻说"巧妙地虚写出高塔上可以看到的旭日东升的辉煌景象，表现了诗人朝气蓬勃、充满信心的心态，成为全诗感情色彩的基调。

"不畏浮云遮望眼，自缘身在最高层"两句用典，古人常以"浮云蔽日"形容对佞臣蔽贤的忧虑，而诗人以"不畏"二字体现出夺人气势，表现了他决心立足于更高的层次看待朝堂上的政治，体现了他不畏奸邪的勇气和决心。这两句诗也揭示了一个简单的道理：处在更高的层次就能拥有更高的视野，就无须畏惧自己的视线被蒙蔽。"身在最高层"拔高诗境，有高瞻远瞩的气概，是点睛之笔。

诗词趣味多

1. "闻说鸡鸣见日升"引用《玄中记》中的典故:"桃都山有大树,曰桃都,枝相去三千里。上有天鸡,日初出照此木,天鸡即鸣,天下鸡皆随之。"

2. "不畏浮云遮望眼"用典,据考证,西汉人常把浮云比喻成奸邪小人,如《新语·慎微篇》:"故邪臣之蔽贤,犹浮云之障日也。"

智慧修炼场

1.选一选:下面诗句中,哪句与"不畏浮云遮望眼,自缘身在最高层"表达的意思相近?请你选出来。(　　)

A.欲穷千里目,更上一层楼。

B.桃李无言又何在,向风偏笑艳阳人。

C.若言琴上有琴声,放在匣中何不鸣?

2.写一写:诗中哪两句引用了典故?请你写下来。

诗人小档案

王安石(1021—1086),字介甫,号半山,世人又称王荆公,抚州临川(今江西省抚州市)人,北宋著名政治家、思想家、文学家、改革家,"唐宋八大家"之一。传世文集有《王临川集》《临川集拾遗》等。

答案:1.A 2.闻说鸡鸣见日升,不畏浮云遮望眼。

第九辑 边塞爱国

出　塞①

〔唐代〕王昌龄

秦时明月汉时关②，
万里长征人未还。
但使③龙城④飞将⑤在，
不教⑥胡马⑦度阴山⑧。

字词小贴士

① 塞：险要处，边关。　② 关：关口要塞。　③ 但使：只要。　④ 龙城：匈奴的政治中心。　⑤ 飞将：指汉朝名将李广。匈奴畏惧其神勇，将其称为"飞将军"。　⑥ 不教：不让。　⑦ 胡马：指侵扰内地的外族骑兵。　⑧ 阴山：昆仑山的北支，位于今内蒙古自治区中部。

诗文转换站

明月还是秦汉时的明月，边关还是秦汉时的边关，出征万里的将士，至今没有一个回来。

倘若龙城飞将军李广还在世，绝不会让外族的战马越过阴山。

诗词赏析评

这首诗通过对历史的回顾和对汉代名将的怀念，表达了诗人希望朝廷任用良将，早日平息边塞战事，使人民过上安定生活的美好愿望。

"秦时明月汉时关"，诗人用七个字勾勒出边疆的寥廓景色，渲染出孤寂、苍凉的气氛。诗人在"月"和"关"的前面，用"秦时""汉时"加以修饰，借用历史的变迁，暗示这里的战事自秦汉以来从未间断。

"万里长征人未还"，写出征战士至今没有回来，无数男儿战死沙场。诗人突出表现战争持续时间久远，暗示边塞战事从秦汉时期到唐代都没有解决，表达诗人对处于艰苦中的战士和百姓的同情。

"但使龙城飞将在，不教胡马度阴山"，融抒情与议论为一体，直接抒发巩固边防的愿望和保卫国家的壮志，洋溢着爱国激情和民族自豪感。同时语带讽刺，表现了诗人对朝廷用人不当和将帅腐败无能的不满。

诗词趣味多

　　李广（？—前119），陇西成纪（今甘肃省秦安县）人。西汉时期名将，秦朝名将李信的后代。李广一生主要都在抗击匈奴，他英勇善战，使得匈奴畏服，称其为"飞将军"，数年不敢再来犯。唐德宗时，李广名列"武庙六十四将"之一；宋徽宗时，他又被追封为怀柔伯，位列宋"武庙七十二将"之一。

智慧修炼场

　　1.选一选：诗中诗人所怀念的"龙城飞将"是指（　　）
　　A.匈奴单于　　　　B.李信　　　　C.李广
　　2.连一连：下面诗句均出自诗人王昌龄，请你帮助它们找到对应作品。
　　①忆君遥在潇湘月，　　　　　　A.《秋兴》
　　　愁听清猿梦里长。
　　②日暮西北堂，　　　　　　　　B.《芙蓉楼送辛渐》
　　　凉风洗修木。
　　③洛阳亲友如相问，　　　　　　C.《送魏二》
　　　一片冰心在玉壶。

答案：1.C；2.①—C；②—A；③—B

扬子江①

〔宋代〕文天祥

几日随风北海②游，
回从③扬子大江头。
臣心一片磁针石④，
不指南方⑤不肯休。

字词小贴士

① 扬子江：长江下游河段的旧称。 ② 北海：这里指北方。 ③ 回从：曲意顺从。 ④ 磁针石：即指南针。 ⑤ 南方：这里指南宋王朝。

诗文转换站

我在北方随着风漂泊游荡了很多天，曲意顺从、千辛万苦，才回到扬子江头。

我的一片丹心就像指南针，不指向南方就不肯罢休。

诗词赏析评

写这首诗前，文天祥任南宋右丞相，代表南宋政权入元营谈判，被扣留并拘押北行。后来他脱险南归，在经长江口南下之时，作《扬子江》一诗表述自己的志向。此诗字里行间表现出诗人坚定不移的爱国主义精神。

"几日随风北海游，回从扬子大江头"，概括了诗人自元兵手中逃脱，回到长江口的艰险经历，其中透露着这段历程的危险与艰辛。诗人不辞艰险地从北方回到南方，也正呼应了本诗的三、四两句。

"臣心一片磁针石，不指南方不肯休"，诗人以"磁针石"比喻自己忠于南宋的一片丹心，表明自己一定要战胜重重困难，回到南方，再组织军队抗击元军的决心。诗人运用比兴手法，抒写了自己心向南宋，不到南方誓不罢休的坚强信念，反映了诗人对祖国的坚贞和热爱。

诗词趣味多

磁针石：即司南，中国古代四大发明之一。据传，司南是将勺状天然磁铁矿石放在一个光滑的盘上，利用磁铁指南的特性辨别方向的工具，是现在所有指南针的始祖。据《古矿录》记载，司南最早出现于战国时期的河北磁山一带，目前发现的唯一一件实物在四川成都。

智慧修炼场

1.填一填：诗中"＿＿＿＿＿＿＿＿＿＿＿＿＿＿＿＿"两句表达了诗人忠于祖国的赤诚之心。

2.连一连：下面均是文天祥的著名诗句，请你找到它们对应的作品。

①人生自古谁无死，留取丹心照汗青　　A.《扬子江》

②天地有正气，杂然赋流形　　　　　　B.《正气歌》

③臣心一片磁针石，不指南方不肯休　　C.《过零丁洋》

诗人小档案

文天祥（1236—1283），字履善，又字宋瑞，自号文山，吉州庐陵（今江西省吉安县）人，南宋末大臣、文学家。他曾被派往元军的军营中谈判，被元军扣留，后脱险南归，坚持抗元。1278年，文天祥兵败被俘，在狱中坚持斗争三年多，宁死不降，从容就义。著有《文山先生文集》《指南录》《指南后录》等作品。

答案：1.臣心一片磁针石，不指南方不肯休。 2.①—C；②—B；③—A

十一月四日风雨大作

〔宋代〕陆游

僵卧①孤村②不自哀③,
尚思为国戍④轮台。
夜阑⑤卧听风吹雨⑥,
铁马⑦冰河⑧入梦来。

字词小贴士

① 僵卧：躺卧不起。这里形容无所作为、不受重用。 ② 孤村：孤寂荒凉的村庄。 ③ 自哀：为自己哀伤。 ④ 戍（shù）轮台：在新疆一带驻守，这里指戍守边疆。戍，守卫。轮台，在今新疆境内，是古代边防重地，这里指边关。 ⑤ 夜阑（lán）：夜将尽时。 ⑥ 风吹雨：风雨交加。 ⑦ 铁马：披着铁甲的战马。 ⑧ 冰河：冰封的河流，指北方地区的河流。

诗文转换站

留在这荒僻的小村庄里无所作为，但我并不为自己的艰难处境而哀伤，还想着为国家去戍守北方边疆。

夜深时，我躺在床上听外面风雨大作之声，梦见自己骑着披甲的战马跨过冰封的河流，征战边疆。

诗词赏析评

此诗写诗人晚年生活贫困、身体衰弱，满怀报国之志，又不为朝廷所重用，只能把志向寄托在梦境之中。此诗表达了诗人的爱国热情和忧国忧民的思想感情。

"僵卧孤村不自哀，尚思为国戍轮台"，写出了诗人罢官回乡后窘迫落寞的生活现状，但诗人"不自哀"，因为诗人有满腔热血、一颗爱国的忠心。

"夜阑卧听风吹雨"，"风吹雨"和题目中的"风雨大作"相呼应，同时也暗示着国家当时的形势。当时南宋王朝正处于风雨飘摇之中，诗人想到祖国动荡不安，难以入眠，这一句就体现了诗人忧国忧民的思想感情。

"铁马冰河入梦来"，诗人的报国之心在现实中不能实现，于是他就在梦里实现战场杀敌的心愿。日有所思，夜有所梦，这一句淋漓尽致地表达了诗人的英雄气概和报国热情。

诗词趣味多

《十一月四日风雨大作》是组诗，请欣赏第二首，谈谈你的感受。

　　　　风卷江湖雨暗村，四山声作海涛翻。
　　　　溪柴火软蛮毡暖，我与狸奴不出门。

智慧修炼场

1.猜一猜：下面的甲骨文是诗中的哪一个字？请你写下来。

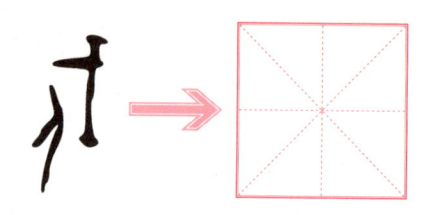

"戍"是个会意字，左下是"人"，右上是"戈"，整体是一个人拿着武器。本义是守卫边境。

2.写一写：你还知道陆游的哪个名句？请写下来。

答案：1.戍。2.例：山重水复疑无路，柳暗花明又一村。

从军行（其四）

〔唐代〕王昌龄

青海①长云②暗雪山③,
孤城④遥望玉门关⑤。
黄沙百战穿金甲,
不破楼兰⑥终不还。

字词小贴士

① 青海：指青海湖，在今青海省。 ② 长云：层层浓云。 ③ 雪山：即祁连山。祁连山山巅终年积雪，所以被称作"雪山"。 ④ 孤城：指戍边的城堡。 ⑤ 玉门关：边关名，置于汉武帝时期，在今

甘肃省敦煌市西北。 ⑥ 楼兰：汉时西域国名，即鄯善国，在今新疆维吾尔自治区鄯善县东南一带。此处泛指唐西北地区常常侵扰边境的少数民族政权。

诗文转换站

　　青海湖上空积压着层层浓云，将祁连山笼罩在一片阴影下，从河西荒漠戍边的城堡向西望，就可以看到玉门关。

　　驻守边疆的将士在漫天黄沙中身经百战，身上穿的铠甲都磨穿了，但是他们的报国之志不灭，决心不打败进犯之敌就不返回家乡。

诗词赏析评

　　《从军行》是组诗，共有七首，此诗只是其中的一首，表现出了边塞将士誓死杀敌的气概。

　　"青海长云暗雪山，孤城遥望玉门关"，诗人描绘了一幅壮阔苍凉的边塞风景，寄情于景，把对边境局势的担忧、保家卫国的自豪、离家万里的孤寂等种种感情都融进了这苍凉辽阔、迷茫昏暗的景象中。

　　"黄沙百战穿金甲，不破楼兰终不还"，诗人直接抒发感情。"黄沙百战穿金甲"把戍边时间漫长、战事频繁、战斗艰苦、敌军强悍、边地荒凉，都囊括进去了。"百战"前面加以"黄沙"二字，突出了西北大漠风沙大的特征，体现了戍边的艰辛；"百战"而至"穿金甲"，体现了战斗的持久和激烈，衬托出将士在大漠风沙的磨炼中愈加坚定的报国壮志。"不破楼兰终不还"，就是身经百战的将士们发出的豪壮誓言。

诗词趣味多

玉门关：古汉长城的关隘之一，始建于汉武帝置河西四郡时，因西域输入的玉石从这里经过而得名。在唐代，玉门关外就是突厥的势力范围，所以这座城池是唐时重要的边防城。玉门关自古以来就是军事关隘及东、西方的交通要道。

智慧修炼场

1.找一找：下面多宫格中藏着此诗的名句，请你找一找并写下来。

黄	穿	兰	玉	不
方	百	不	回	楼
终	关	破	兵	甲
还	门	沙	金	战

_____

2.选一选：下面诗句中，哪些出自王昌龄的边塞诗名作？
（　　）

A.但使龙城飞将在，不教胡马度阴山。
B.大漠风尘日色昏，红旗半卷出辕门。
C.荷叶罗裙一色裁，芙蓉向脸两边开。

答案：1.黄沙百战穿金甲，不破楼兰终不还。　2.AB

凉州词①

〔唐代〕王之涣

黄河远上②白云间，
一片孤城万仞③山。
羌笛④何须怨杨柳，
春风⑤不度玉门关。

字词小贴士

① 凉州词：又名《出塞》，是为乐曲《凉州》配的唱词。　② 黄河远上：远望黄河的源头。　③ 仞：古代的长度单位，一仞相当于七尺或八尺（约213厘米或264厘米）。　④ 羌笛：羌族乐器名。古羌族主要分布在今甘肃省、青海省、四川省一带。　⑤ 春风：春天的风，也借指某种温暖关怀或某种人间春意。

诗文转换站

向黄河的源头远望，它像是从白云间奔流而来，玉门关的戍边堡垒孤零零地排布在万丈高山下。

何必用羌笛吹奏起哀怨的《折杨柳》，埋怨春光迟迟不来呢？春风本就是吹不到玉门关的。

诗词赏析评

诗人初到凉州时，面对黄河以及边城的宏大、辽阔的景象，听到《折杨柳》曲，写成了这首表现戍守边疆的士兵对家乡的思念之情的诗作。

"黄河远上白云间"，诗人描绘出从下游向上游、由近及远眺望黄河看到的画面，从而写出了西北边地广漠壮阔的风光。

"一片孤城万仞山"，诗人在这一画面中，用远川高山衬托出塞上孤城地势险要、处境孤危的特点。"一片"相当于"一座"，略有"单薄"的意思。

"羌笛何须怨杨柳"，在苍凉的环境背景下，戍边士兵们忽然听到哀怨的《折杨柳》，不禁思念起家乡来，于是诗人感叹：何须哀怨？春风本就吹不到这里。诗人以"春风"指代朝廷的关怀，一个"何须怨"看似宽慰，实则委婉地表达了对皇帝不顾及边塞士兵生死、不体恤边塞士兵艰苦的抱怨，使整首诗的意韵变得更为深远。

诗词趣味多

《凉州词》是唐代诗人王之涣的组诗作品，请欣赏其二。

单于北望拂云堆，杀马登坛祭几回。
汉家天子今神武，不肯和亲归去来。

智慧修炼场

1.写一写：你还知道那些哪些描绘黄河的诗句？请你写下来。

_____

_____

2.连一连：下面提到"玉门关"的诗句分别出自哪位诗人？请你连一连。

①青海长云暗雪山，孤城遥望玉门关　　A.王之涣

②羌笛何须怨杨柳，春风不度玉门关　　B.李白

③长风几万里，吹度玉门关　　C.王昌龄

马上作

〔明代〕戚继光

南北驱驰①报主②情,
江花边草③笑平生。
一年三百六十日,
多是横戈④马上行。

字词小贴士

① 南北驱驰：指戚继光南征北战的经历。他曾在东南沿海一带抗击倭寇的侵扰，又曾镇守北方边关。　② 主：指皇帝。　③ 江花边草：南方北方的花草。此处用互文的写法，即"江边花草"。"江"指代南方，"边"指代北方。　④ 横戈：手里握着兵器。

诗文转换站

　　我南征北战抗击外敌是为了报答皇上对我的信任，就连南方北方的花草都含笑看我奔波征战的一生。

　　一年三百六十天中，我多数时间都是手握兵器骑着战马度过的。

诗词赏析评

　　这首诗是戚继光骑在马上创作的。诗中通过对自己戎马生涯的回顾，抒发了他赤心报国、不畏辛苦的豪情。

　　"南北驱驰报主情，江花边草笑平生"，诗人用这两句概括了自己南征北战的一生。"江花边草笑平生"用拟人手法，写花草含笑看自己的一生，不仅表明"江花边草"是自己"南北驱驰"的见证，也通过花草的"笑"赞许自己平生的努力，侧面表达出诗人为自己能保家卫国而自豪。

　　"一年三百六十日，都是横戈马上行"，"一年三百六十日"说的不是一年"横戈马上行"，而是年年如此，艰辛危险的生活始终与他相伴。这两句中体现出了诗人赤心报国、不畏艰辛的肝胆豪情。

诗词趣味多

倭寇：这是对13—16世纪左右侵略朝鲜、中国沿海各地和南洋的日本海盗集团的泛称。他们除沿海劫掠以外，主要从事中日走私贸易。因中国古时称日本为"倭国"，故称他们为"倭寇"。

智慧修炼场

1.猜一猜：下面的甲骨文是诗中的哪一个字？请你写下来。

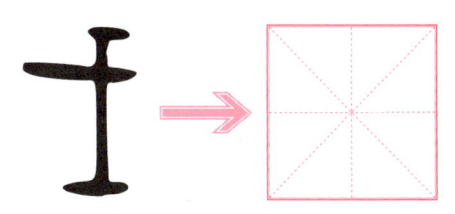

"戈"的甲骨文表示的是一种古代兵器。"戈"的本义是古代一种长柄横刃的兵器，后来泛指武器。

2.填一填：诗中"＿＿＿＿＿＿＿＿＿＿＿＿＿＿＿＿"一句用了拟人的修辞手法。

诗人小档案

戚继光（1528—1587），字元敬，号南塘、孟诸，山东登州（今山东省蓬莱市）人，明朝抗倭名将，杰出的军事家、书法家、诗人。他是我国历史上著名的民族英雄，英勇善战，功绩显赫，联合俞大猷等抗击倭寇十余年，扫平为祸多年的倭患，确保了沿海人民的生命财产安全。

答案：1.戈。 2.江花边草笑平生。

第87课

塞上①听吹笛

〔唐代〕高适

雪净②胡天③牧马还，
月明羌笛戍楼④间。
借问梅花何处落，
风吹一夜满关山⑤。

字词小贴士

① 塞上：指凉州（今甘肃省武威市）一带的边塞。　② 雪净：冰雪消融。　③ 胡天：指西北边塞地区。　④ 戍楼：边防驻军的瞭望楼。　⑤ 关山：这里泛指关隘山岭。

诗文转换站

冰雪消融，西北边塞已经是牧马的时节了，在皎洁的月光下，悠扬的羌笛声飘荡在边境的瞭望楼间。

想请问一下，饱含情思的《梅花曲》最终会飘向何处？它会像梅花一样，一夜间随风落满关山。

诗词赏析评

这首诗是诗人在西北边塞地区从军时所写成的。此诗描写身处边塞的诗人看到优美动人的塞外春光，听到笛声而被唤起了思乡之情。

"雪净胡天牧马还，月明羌笛戍楼间"，描写边塞的实景，描绘出边塞明朗壮阔的宁静景象。"牧马还"三字似乎包含胡人已经北归，不再骚扰边境之意。

"借问梅花何处落，风吹一夜满关山"，描写花开满关山的虚景，仿佛不是笛声声声入耳，而是风吹动落梅的花瓣。笛声像花瓣一样四处飘散，一夜之间洒满关山。

这首诗由雪净月明的实景写到梅花飘散的虚景，虚实相生，营造出一种清明、辽阔的意境。

诗词趣味多

羌笛：也叫羌管，是中国少数民族的一种乐器，已有两千多年的历史。羌笛音色清脆高亢，并带有悲凉之感，经常出现于在唐代边塞诗中。2006年5月，"羌笛演奏及制作技艺"被列入第一批国家级非物质文化遗产目录。

智慧修炼场

1.选一选：下面哪一项对"借问梅花何处落，风吹一夜满关山"两句的叙述是正确的？（　　）

A.冬季，边塞下雪了，漫天的雪花好像梅花飘落。
B.边塞的梅花盛开了，梅花随风飞舞，飘满边关。
C.诗人听到凄婉的笛曲，想象梅花花瓣随风落满山关。

2.写一写：你还学过哪些带有"羌笛"的诗句？请写下来。

_____

答案：1.C　2.例：羌笛何须怨杨柳，春风不度玉门关。

第88课

碛①中作

〔唐代〕岑参

走马②西来欲到天，
辞家见月两回圆③。
今夜未知何处宿，
平沙④万里绝⑤人烟⑥。

字词小贴士

① 碛（qì）：沙石地，沙漠。这里指银山碛，又名银山，在今新疆。　② 走马：骑马。　③ 见月两回圆：表示两个月。按照农历，月亮每月圆一次。　④ 平沙：平坦广阔的沙漠。　⑤ 绝：没有。　⑥ 人烟：住户的炊烟，借指人家。

诗文转换站

骑马向西走，几乎来到天边，自从我离家已经两个月了。

今夜不知道能去哪里借宿，无边无际的大漠中没有一户人家。

诗词赏析评

这首诗是诗人第一次从军西征时在大沙漠中所写的。此诗选取了沙漠行军途中的典型景象，情与景交融，情深意远，蕴含丰富。

"走马西来欲到天"，"西来"点明了行进方向，"欲到天"既写出了边塞离家之远，又展现了西北荒漠野旷天低的气势。此句有一股勃发的激情和大无畏的精神。

"辞家见月两回圆"，诗人点明了离家赴边已有两月，交代了时间正当十五月圆。月亮的圆缺可以比喻人与人的离合，此时诗人远离家乡，看到月圆，生出了思乡之情，表现出他对故乡、对亲人的思念之深。

"今夜不知何处宿，平沙万里绝人烟"，诗人把思绪拉回现实，提出了一个眼前急需解决的夜宿何处的问题，而下句没有直接回答，却转笔写景，以眼前之景暗示了答案。

戎马生涯的艰苦与边疆地域的荒凉，正衬托出诗人从军边塞的壮志豪情。

诗词趣味多

月亮：中国古典诗歌中最为常见的意象之一。它所蕴含的意义主要有：①离别与相思；②故园与思乡；③永恒与惜时；④美。

智慧修炼场

1.猜一猜：下面的甲骨文是诗中的哪一个字？请你写下来。

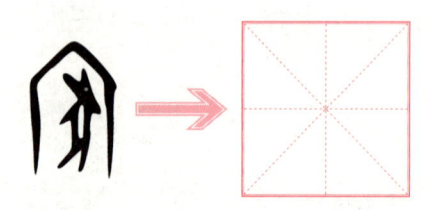

"家"的甲骨文表示屋顶下有一头大腹便便的猪。对古人来说，圈养生猪作为日后的食物能为他们提供安全感，因此圈养生猪便成了定居生活的标志。"家"的本义是圈养生猪的稳定居所。

2.飞花令：请你写出三个含有"月"的诗句。

诗人小档案

岑参（约715—约769），荆州江陵（今湖北省江陵县）人或南阳棘阳（今河南省南阳市）人，唐代诗人，与高适并称"高岑"。唐代宗时曾任嘉州刺史，世称"岑嘉州"。岑参工诗，长于七言歌行，边塞诗写得最出色。

答案：1.家。 2.例：野旷天低树，江清月近人。/ 月出惊山鸟，时鸣春涧中。/ 秦时明月汉时关，万里长征人未还。

春 望

〔唐代〕杜甫

国①破②山河在,城春草木深③。
感时④花溅泪,恨别⑤鸟惊心。
烽火⑥连三月⑦,家书抵万金。
白头⑧搔⑨更短,浑⑩欲不胜⑪簪。

字词小贴士

① 国：国都，指长安。 ② 破：陷落。 ③ 草木深：指人烟稀少。 ④ 感时：为国家的时局而感伤。 ⑤ 恨别：怅恨离别。 ⑥ 烽火：古时边防报警的烟火，这里指安史之乱的战火。 ⑦ 三月：三个月。 ⑧ 白头：指白头发。 ⑨ 搔：挠。 ⑩ 浑：简直。 ⑪ 胜：经受，承受。

诗文转换站

国都长安沦陷了，旧日山河依旧还在；春天来了，长安城人烟稀少、草木丛生。

我因国家时局而感伤，看到花开都要落泪；我因离别而惆怅怨恨，听到鸟鸣都要心惊。

战火已经接连几个月，一封家信都珍贵得能抵上万两黄金。

愁绪令我不禁挠头解忧，白发越挠越短，简直都要插不上簪子了。

诗词赏析评

安禄山起兵叛唐后，诗人在投奔唐肃宗的途中被叛军俘获，身处沦陷区目睹了长安城一片萧条零落的景象，百感交集而写下此诗。此诗表达了诗人热爱国家、忧国忧民的感情。

"国破山河在，城春草木深"，这两句描绘沦陷后的首都长安，眼前的景象与诗人记忆中的繁华形成鲜明的对比。诗人借助景物烘托情感，为全诗营造了荒凉凄惨的气氛，为后文的抒情进行铺垫。

"感时花溅泪，恨别鸟惊心"，"感时""恨别"都直写诗人的苦痛。通过景物描写，借景生情，表现了诗人忧心国事、思念家人的深沉感情。

"烽火连三月，家书抵万金"，战事已经持续了好几个月，诗人想到自己被扣留在敌军军营，与家人消息隔绝，非常牵挂家人的安危。战争是家书珍贵的真正原因，这两句反映出广大人民反对战争、期望和平的美好愿望。

"白头搔更短，浑欲不胜簪"，对国家的忧心和对家人的思念令诗人自觉衰老许多。"白发"是愁出来的，"搔"也是为了解愁，可见诗人的愁思之深。

此诗全篇情景交融，感情深沉而含蓄，言简意赅，充分体现了"沉郁顿挫"的艺术风格。

诗词趣味多

乐景写哀：用令人愉悦的景物烘托哀愁的反衬手法。通过描写本应令人欢乐的景物来表达心中的哀情，可以"倍增其哀"。如杜甫《绝句二首·其二》："江碧鸟逾白，山青花欲燃。今春看又过，何日是归年？"写景是明丽鲜亮的，离家思乡之情是哀伤的。

智慧修炼场

1.填一填：诗中"＿＿＿＿＿＿＿＿＿＿＿＿＿"两句运用了乐景写哀的艺术手法。

2.选一选：下面哪一项运用了乐景写哀的艺术手法？（　　）
A.渭城朝雨浥轻尘，客舍青青柳色新。
B.春眠不觉晓，处处闻啼鸟。
C.等闲识得东风面，万紫千红总是春。

答案：1.感时花溅泪，恨别鸟惊心。 2.A

第90课

菩萨蛮① · 书江西造口②壁

〔宋代〕辛弃疾

郁孤台③下清江④水，中间多少行人泪。西北望长安⑤，可怜无数山。青山遮不住，毕竟东流去。江晚正愁余⑥，山深闻鹧鸪⑦。

字词小贴士

① 菩萨蛮：词牌名。　② 造口：一名皂口，在今江西省万安县南六十里。　③ 郁孤台：又称望阙台，在今江西省赣州市城区西北部贺兰山顶。　④ 清江：赣江与袁江合流处的旧称。　⑤ 长

安：此处代指宋都汴京。　⑥ 余：我。　⑦ 鹧鸪：鸟名。传说其啼声凄苦。

诗文转换站

郁孤台下清江的流水，其中不知有多少远行之人的泪水。我举目远眺国都汴京，可惜只能看到无边的青山。

但青山挡不住江水，浩浩荡荡的江水终究还是要向东流去。在傍晚的江边，我正满怀愁绪，忽然听到深山传来鹧鸪的声声悲鸣。

诗词赏析评

此词是词人驻节赣江途经造口时所作。词人登高远望，用比兴手法，抒发了对国家兴亡的感慨。

"郁孤台下清江水"，开篇突兀，显示出词人的满腔激愤，词境顺势从百余里外之郁孤台收至眼前之造口。

"中间多少行人泪"，词人身临造口，回想起隆祐太后被金兵追击之事，感伤国家风雨飘摇，满怀的悲愤化作流不尽的一江水。

"西北望长安，可怜无数山"，词人向汴京望去，却有无数的青山挡住了视线。此两句表达了词人的满怀忠愤。

"青山遮不住，毕竟东流去"，词人既叹青山遮住故都，更道出其遮不住江水东流，以此比喻正义所向的大趋势不容阻挡。

"江晚正愁余，山深闻鹧鸪"，以深山传出的鹧鸪悲鸣衬托词人的悲愁，表明现实并不乐观。

诗词趣味多

菩萨蛮：唐教坊曲名，后用作词牌，亦作《菩萨鬘》，又名《子夜歌》《花间意》《重叠金》等。此调原出自外来舞曲，当时倡优作《菩萨蛮曲》，文士也往往唱这首词，于是《菩萨蛮》就成了词牌名。

智慧修炼场

1.找一找：下面多宫格中藏着本诗中的句子，请你找到并写下来。

青	不	给	毕	流
水	遮	看	都	东
山	将	住	竟	去

2.写一写：你还学习过哪些爱国古诗词？请你把作品名称写下来。

《_____》《_____》《_____》

> **诗人小档案**
>
> 辛弃疾（1140—1207），字幼安，号稼轩，历城（今山东省济南市）人。南宋将领、文学家、豪放派词人，有"词中之龙"之称。与苏轼合称"苏辛"，与李清照并称"济南二安"。他一生力主抗金，其词抒写力图恢复国家统一的爱国热情，倾诉壮志难酬的悲愤。有词集《稼轩长短句》等传世。

答案：1.青山遮不住，毕竟东流去。 2.例：《示儿》《过零丁洋》《十一月四日风雨大作》

第十辑 吊古咏史

第91课

台 城①

〔唐代〕韦庄

江雨霏霏②江草齐,
六朝③如梦鸟空啼。
无情最是台城柳,
依旧烟④笼十里堤。

字词小贴士

① 台城:也称苑城,在今南京市鸡鸣山南。从东晋到南朝结束,这里一直是朝廷台省和皇宫的所在地。 ② 霏霏:细雨纷纷的样子。 ③ 六朝:指吴、东晋、宋、齐、梁、陈。 ④ 烟:指柳树的绿色像清淡的烟雾一样。

诗文转换站

江上下着丝丝细雨，江边绿油油的草地铺展开来，六朝古都的往事随着时间像梦一样消逝，如今只剩下春鸟在树枝上啼鸣。

最无情的是台城的杨柳，如今依旧像烟雾一般，绿茵茵地笼罩着十里长堤。

诗词赏析评

这首诗是诗人游江南时所作。诗人在金陵凭吊六朝遗迹，目睹六朝古都台城曾经的繁华消失殆尽，感叹历史兴亡，因此作此诗。

"江雨霏霏江草齐，六朝如梦鸟空啼"，美好的自然景色中隐藏着一座已经荒凉破败的台城。这两句不直接描写台城，而是描写了自然之景，又渲染了如梦似幻的氛围，表达了诗人对朝代更迭、历史变迁的感慨。

"无情最是台城柳，依旧烟笼十里堤"，繁荣茂盛的自然景色和荒凉破败的历史遗迹形成了鲜明对比，令有亡国之忧的诗人触目惊心。诗人说堤柳无情，实则是说历史无情，透露出诗人的无限伤痛。"最是"二字，突出强调了诗人的感伤怅惘。"依旧"暗示了一个腐败时代的消逝，也预示历史的重演。

诗词趣味多

金陵：南京的古称，也是南京最雅致的别称。公元前333年，楚威王筑金陵邑，"金陵"之名源于此。公元229年，吴王孙权在此建都，金陵从此成为中国南方的政治、经济、文化中心。金陵作为六朝都城时，人口已超过百万。

金陵是中国古典文化和风雅文化的代表城市，有"天下文枢"之称。金陵和罗马并称为"世界古典文明两大中心"。

智慧修炼场

1.猜一猜：下面的甲骨文是诗中的哪一个字？请你写下来。

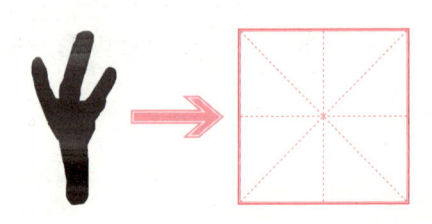

"草"的甲骨文像刚萌发出两瓣叶子的嫩芽。本义是地面上生长出的片状禾本植物。

2.选一选：诗人想借"无情最是台城柳"传达什么意思？（　）

A.通过台城的柳树不论世事如何变迁都无动于衷的事实，表达对柳树的厌恶。

B.通过说柳树无情，委婉地表达自己看到六朝古都金陵由盛而衰时的伤痛。

C.通过对台城的柳树形成的繁茂景观的描写，反衬出诗人无枝可依的不安。

诗人小档案

韦庄（约836—约910），字端己，长安杜陵（今陕西省西安市附近）人，晚唐诗人、词人，五代时期前蜀宰相。韦庄工诗，与温庭筠同为"花间派"代表作家，并称"温韦"。其所著长诗《秦妇吟》颇负盛名，与《孔雀东南飞》《木兰诗》并称"乐府三绝"。有《浣花集》十卷，后人又辑其词为《浣花词》。

答案：1.草　2.B

石头城①

〔唐代〕刘禹锡

山围故国②周遭③在，
潮打空城寂寞回。
淮水④东边旧时⑤月，
夜深还过女墙⑥来。

字词小贴士

① 石头城：位于今南京市西清凉山上。三国时孙吴就石壁筑城戍守，称"石头城"，曾为吴、东晋、宋、齐、梁、陈六朝都城，唐朝时被废弃。　② 故国：即旧都。石头城在六朝时代一直是国都。　③ 周

遭：环绕。　④ 淮水：指贯穿石头城的秦淮河。　⑤ 旧时：指六朝时。　⑥ 女墙：指建在城墙顶部的薄型挡墙。

诗文转换站

群山依旧环绕着被废弃的都城，潮水像往常一样拍打着显得寂寞的空城。

从秦淮河东边升起的还是过去那轮月亮，这轮明月在夜深人静时悄悄升过城墙，照着昔日的皇宫。

诗词赏析评

这首诗作于唐朝逐渐衰败的时候，诗人借六朝的灭亡和人事变迁，来抒发自己对国运衰微的感叹、有引古鉴今的现实意义。

"山围故国周遭在，潮打空城寂寞回"，此两句先写山，接着写水，江山如旧，而城已荒废。"空"字点明古都的现状。诗人借描写古都的山水感叹六朝的灭亡。

"淮水东边旧时月，夜深还过女墙来"，写月照空城之景。"旧时"满怀深意。淮水是六朝时代王公贵族们醉生梦死的游乐场所，然而时间飞逝，物是人非，如今只有月亮仍然从秦淮河东边升起，照着这座空城。此情此景，更显故国萧条，表达了诗人对故国的哀思和对人生凄凉的深沉感伤。

诗词趣味多

《金陵五题》是唐代文学家刘禹锡的组诗作品，包括《石头城》《乌衣巷》《台城》《生公讲堂》和《江令宅》五首七绝。

请欣赏《乌衣巷》：

　　朱雀桥边野草花，乌衣巷口夕阳斜。
　　旧时王谢堂前燕，飞入寻常百姓家。

智慧修炼场

1.找一找：下面多宫格中藏着本诗的名句，请你找到并写下来。

时	夜	深	淮	从
说	水	在	女	来
东	分	边	不	年
还	旧	过	墙	月

2.写一写：你还学过刘禹锡的哪些诗？请你在每首诗中选择一句写下来。

_____

_____

_____

夏日绝句

〔宋代〕李清照

生当作人杰①,
死亦为鬼雄②。
至今思项羽③,
不肯过江东④。

字词小贴士

① 人杰:人中的豪杰。 ② 鬼雄:鬼中的英雄。 ③ 项羽:秦末时自立为西楚霸王,与刘邦争夺天下,在垓下之战中兵败自杀。 ④ 江东:项羽当初起兵的地方。

诗文转换站

活着就要当人中的豪杰，死了也要做鬼中的英雄。

人们到现在还思念项羽，只因他不肯忍辱偷生地逃回江东。

诗词赏析评

南宋著名女词人李清照看到金兵入侵，南宋政权被迫南逃，而其丈夫面对叛军临阵脱逃，由此为国、为夫感到耻辱，在路过乌江时有感于项羽的悲壮，创作此诗。此诗借古讽今，抒发了词人的悲愤。

"生当作人杰，死亦为鬼雄"，词人直抒胸臆，提出人在世时应当为国建功立业，死时也应当是个顶天立地的好男儿。词人作为婉约词派代表人物却在此诗中显露出刚劲笔锋、凛然风骨。

"至今思项羽，不肯过江东"，诗人通过歌颂项羽的悲壮之举，赞扬他不屈服的精神和气节，暗含对当权者苟且偷安无耻行径的痛恨。"不肯"用词精准巧妙，透出"士可杀不可辱"的英雄豪气。

这首诗借古讽今，鲜明地显示出了诗人的价值取向，正气凛然，爱国激情溢于言表。

诗词趣味多

项羽（前232—前202），名籍，字羽，泗水郡下相县（今江苏省宿迁市）人。秦朝末年政治家、军事家，楚国名将项燕之孙。项羽在垓下之战中失利，突围到乌江，乌江亭长劝他迅速渡江，回到江东重整旗鼓，而项羽觉得自己无颜面对家乡父老，便回身苦战，杀死敌兵数百，最后自刎身亡。

智慧修炼场

1.写一写：诗中"＿＿＿＿＿＿＿＿＿＿＿＿＿＿＿"两句运用典故。

2.连一连：下面词句均出自李清照，请你匹配上正确的标题。

①知否，知否？应是绿肥红瘦　　　A.《一剪梅·红藕香残玉簟秋》

②一种相思，两处闲愁　　　B.《醉花阴·薄雾浓云愁永昼》

③东篱把酒黄昏后，有暗香盈袖　　　C.《如梦令·昨夜雨疏风骤》

诗人小档案

李清照（1084—约1155），号易安居士，济南（今山东省济南市）人。宋代著名女词人，婉约词派代表人物，有"千古第一才女"之称。其词因其号与集得名"易安词""漱玉词"。著有《易安居士文集》《易安词》，已散佚；后人编《漱玉词》辑本，今有《李清照集校注》。

答案：1.至今思项羽，不肯过江东。 2.①—C；②—A；③—B

赤 壁[①]

〔唐代〕杜牧

折戟[②]沉沙铁未销,
自将[③]磨洗[④]认前朝[⑤]。
东风[⑥]不与周郎[⑦]便,
铜雀[⑧]春深锁二乔[⑨]。

字词小贴士

① 赤壁：地名，位于今湖北省武汉市江夏区赤矶山。　② 折戟：折断的戟。戟，一种古代兵器。　③ 将：拿起。　④ 磨洗：磨光洗净。　⑤ 认前朝：指认出戟是赤壁之战时的遗物。　⑥ 东风：指凭借东风火烧赤壁之事。　⑦ 周郎：指周瑜，赤壁之战时任东吴大都督。　⑧ 铜雀：即铜雀台，是曹操建造的一座楼台，楼顶有大铜雀，台上住姬妾歌妓，是曹操暮年行乐处。　⑨ 二乔：指东吴乔公的两个女儿。大乔嫁前国主孙策，小乔嫁统帅周瑜，两人合称"二乔"。

诗文转换站

　　折断的戟没在水底的沙中，还尚未被销蚀，我将它拿起，磨光洗净，认出这是当年赤壁之战的遗物。

　　若是当年东风不给周瑜行方便，二乔恐怕就被关进铜雀台了。

诗词赏析评

　　这首诗是诗人经过赤壁这一著名的古战场时，有感于三国时代的英雄成败而作的。在此诗中，诗人感叹时过境迁、物是人非。

　　"折戟沉沙铁未销，自将磨洗认前朝"两句，透过对平静场景的描写，展现出背后的历史风云，暗含了诗人对岁月流逝、物是人非的感慨。

　　"东风不与周郎便，铜雀春深锁二乔"两句，诗人从反面假设若无"东风"，历史会是怎样的面貌。诗人将东吴在赤壁之战中的胜利归结于偶然的"东风"，通过"铜雀春深锁二乔"一句，以曹操胜利后的骄恣反衬出东吴战败后的屈辱。

诗词趣味多

赤壁之战：指东汉末年孙权、刘备联军在长江赤壁一带大破曹操大军的战役。此战中孙权手下的将领黄盖提出了火烧敌船的计策，孙刘联军因此借助东风烧毁了大量曹军舟船，从而大破曹军。

这是中国历史上以少胜多、以弱胜强的著名战役之一。此战奠定了魏、蜀、吴三国鼎立的基础。

智慧修炼场

1.找一找：下面多宫格中包含本诗的诗句，请你找一找，并写下来。

戟	与	雀	沙	深
风	乔	不	便	铁
东	沉	磨	洗	锁
铜	周	郎	春	二

2.写一写：你喜欢杜牧的哪些诗句？请你写下来。

答案：1.东风不与周郎便，铜雀春深锁二乔。 2.例：停车坐爱枫林晚，霜叶红于二月花。 烟笼寒水月笼沙，夜泊秦淮近酒家。

易水①送别

〔唐代〕骆宾王

此地别燕丹②,
壮士③发冲冠④。
昔时人⑤已没⑥,
今日水犹寒。

> **字词小贴士**

① 易水:也称易河,河流名,为战国时燕国的南界。位于今河北省易县境内。 ② 燕丹:指燕太子丹。 ③ 壮士:指荆轲,战国时期卫国人,刺客,曾刺杀秦王嬴政未遂。 ④ 发冲冠:头发上竖,把帽子都顶起来了,形容人极端愤怒。冠,帽子。 ⑤ 人:指荆轲。 ⑥ 没:同"殁",死。

诗文转换站

当年在这个地方，壮士荆轲告别燕太子丹，怒发冲冠。

过去的人早已经死了，但今天的易水还是那样的寒冷。

诗词赏析评

这首诗描述诗人易水河畔送别友人时的感受，借咏史以喻今。全诗语言含蓄，感情强烈，寓意深远。

"此地别燕丹，壮士发冲冠"两句，诗人借古喻今，由送别友人联想到荆轲在易水边与太子丹作别之事，把昔日之易水壮别和此刻之易水送人融为一体。"壮士发冲冠"概括出了荆轲的激昂慷慨和送别场面的悲壮，表达了诗人对荆轲的崇敬，也反映出诗人心中的激愤。

"昔时人已没，今日水犹寒"两句，既是咏史又是抒怀，诗人惋惜英雄荆轲的逝去，也倾诉了自己的抱负和苦闷，表达了对友人的希望。"寒"字寓意丰富，表达了诗人的凄凉之感，也是诗人对现实的概括。诗人不仅感到水寒，更觉得心寒，心中因生不逢时而生出的愤懑不甘之情，如易水一样冰冷而悠悠不尽。诗人感怀荆轲之事，既是对自己的一种慰藉，也是对友人的一种激励。

诗词趣味多

荆轲刺秦王：公元前227年，卫国刺客荆轲带着秦国叛将樊於期的首级和燕督亢地图前往秦国假意献上，实则意图刺杀秦王嬴政。临行前，燕太子丹等人在易水边为荆轲送行，场面悲壮。荆轲的好友高渐离击筑，荆轲和着节拍唱道："风萧萧兮易水寒，壮士一去兮不复还！"荆轲来到秦国后，秦王嬴政在咸阳宫召见他。荆轲献燕督亢地图时，图穷匕见，但最终行刺失败，被秦王侍卫所杀。

智慧修炼场

1.选一选：此诗咏哪位历史英雄的事迹？（　　）

A.太子丹　　　B.嬴政　　　C.荆轲

2.写一写：你还学过骆宾王的哪首诗？请你完整默写下来。

诗人小档案

骆宾王（生卒年不详），字观光，婺州义乌（今浙江省义乌市）人。初唐诗人，与王勃、杨炯、卢照邻并称"初唐四杰"；又与富嘉谟并称"富骆"。骆宾王才华横溢，对革新初唐浮靡诗风、开辟唐代文学的繁荣局面做出了突出贡献，一生著作颇丰。代表作品有长篇《帝京篇》、小诗《易水送别》等，有《骆宾王文集》存于世。

答案：1.C. 2.例：《咏鹅》：鹅，鹅，鹅，曲项向天歌。白毛浮绿水，红掌拨清波。

越中①览古

〔唐代〕李白

越王勾践②破吴归,
义士还家尽锦衣③。
宫女如花满春殿④,
只今惟有鹧鸪飞。

字词小贴士

① 越中：指会稽，春秋时期越国曾建都于此。故址在今浙江省绍兴市。　② 勾践：春秋时期越国君主。越王勾践兵败吴国后卧薪尝胆三年，最终打败吴国。　③ 锦衣：华丽的衣服。　④ 春殿：宫殿。

诗文转换站

越王勾践打败吴国凯旋，战士们回家都身穿华丽的衣服。

曾经宫殿中都是如花似玉的宫女，现在只有几只鹧鸪在遗迹上飞来飞去。

诗词赏析评

这首诗是李白在越中游览时所作。全诗通过对旧日繁盛和当下凄凉的对比，表现出人事变化和盛衰无常的主旨。

"越王勾践破吴归"开篇点题，说明本诗所怀的是勾践灭吴的事迹。以"归"字展开全诗，为后面描写当时到如今的历史变迁做了铺垫。

"义士还家尽锦衣"是对凯旋后欢快喜悦的氛围的描绘。"尽"字暗示了越王以后享乐荣华的生活图景，为第三句对这幅图景的描绘埋了伏笔。

"宫女如花满春殿"是诗人在越国历史中有意截取的一个镜头，浓缩了越国称霸一方后的繁盛，也意指越王灭吴后走上了吴王的老路，沉迷声色，纵情享乐，不再励精图治。

"只今惟有鹧鸪飞"，诗人急转一笔，写过去盛极一时的地方如今只剩几只鹧鸪，一派凄凉孤寂。诗人用具体事物将旧日的繁盛和当下的凄凉进行鲜明对比，令人感受十分深切，更让人能感到人事的变化和盛衰的无常。

诗词趣味多

卧薪尝胆：公元前493年，吴王夫差举兵攻越，越王勾践被迫投降，受尽凌辱。勾践假意顺从夫差，三年后便被放回越国。

勾践回国后，决心报仇雪恨。为了不忘仇恨、锻炼意志，他每天睡在柴草上，又在自己座位上方悬挂一只苦胆，时常尝一尝胆的苦味。勾践用十年训练百姓，发展生产，使越国强大起来，最终得以报仇雪恨，打败了吴国。

智慧修炼场

1.连一连：下面是描写越王勾践的诗句，请你找到它们对应的作品。

①十年勾践亡吴计，七日包胥哭楚心　　A.《二砺》

②枕戈忆勾践，渡浙想秦皇　　　　　　B.《越王勾践墓》

③今人不见亡吴事，故墓犹传霸越乡　　C.《壮游》

2.写一写：你喜欢诗人李白的哪些诗？请每首诗选一句写下来。

_____

_____

_____

答案：1.①—A；②—C；③—B 2.例：床前明月光，疑是地上霜。桃花潭水深千尺，不及汪伦送我情。飞流直下三千尺，疑是银河落九天。

第97课

武侯庙①

〔唐代〕杜甫

遗庙丹青落②,
空山草木长。
犹闻辞后主③,
不复卧南阳④。

字词小贴士

① 武侯庙：指祭祀诸葛亮的庙。武侯，指诸葛亮。诸葛亮于后主建兴元年（223年）被封为武乡侯，省称"武侯"。　② 丹青落：壁画已脱落。丹青，指庙中壁画。　③ 后主：指蜀后主刘禅。建兴五年（227年），诸葛亮上《出师表》，辞别后主，率兵伐魏，后病逝于军营中。　④ 南阳：诸葛亮追随刘备前所居之处。位于今河南省南阳市。

诗文转换站

　　荒废的武侯庙中的壁画已经脱落，空旷荒凉的山上只有草木在生长。

　　在这里好像还能听到诸葛亮辞别后主的声音，只是他再也没能回到故地南阳。

诗词赏析评

杜甫流寓夔州时,看到武侯庙一片破败荒凉的景象,不禁感慨万千,遂作此诗以悼念诸葛亮,并表达了对诸葛亮的崇敬之情。

"遗庙丹青落,空山草木长"两句,描写诗人在武侯庙看到的一片萧条破败的景象。"遗""落"二字暗示祭拜的人很少,"空"与"草木"营造出空寂荒凉的氛围。环境的破败荒凉,也暗示着诸葛亮的功绩与志向已随岁月消逝。

"犹闻辞后主,不复卧南阳"两句概括了诸葛亮的一生,展现出了他放弃隐居生活,为国家鞠躬尽瘁的境遇和心情。"不复"二字既写出了诸葛亮将一生献给蜀汉的奋斗精神,也表达了诗人对诸葛亮的崇敬、赞扬之情和对其无法功成身退的惋惜之情。

诗词趣味多

《出师表》:出自《三国志·诸葛亮传》卷三十五,是三国时期蜀汉丞相诸葛亮北上伐魏前给后主刘禅上书的表文。表文以恳切委婉的言辞劝勉后主要广开言路、赏罚分明,告诫后主要亲贤臣、远小人,同时表明了自己的一片忠贞之心。

智慧修炼场

1.填一填:把下面的古诗补充完整。
遗庙(　　　　　),(　　　　　　)草木长。
犹闻辞(　　　　　),(　　　　　　　)。

2.选一选:下面哪些诗句描写了诸葛亮?(　)
A.出师一表真名世,千载谁堪伯仲间!
B.出师未捷身先死,长使英雄泪满襟。
C.会稽勾践拥长矛,万马鸣蹄扫空垒。

答案:1.略 2.AB

过三间庙[1]

〔唐代〕戴叔伦

沅湘[2]流不尽，
屈子[3]怨何深[4]。
日暮秋风起，
萧萧枫树林。

字词小贴士

[1] 三闾（lú）庙：即屈原庙。因屈原曾任三闾大夫而得名，在今湖南省汨罗市境内。 [2] 沅（yuán）湘：指沅江和湘江。 [3] 屈子：指屈原。 [4] 何深：多么深。

诗文转换站

沅江湘江的水永远流不尽，屈原的悲愤好像这江水一样深沉。日暮黄昏时起了秋风，枫林传来风吹树叶的簌簌声。

诗词赏析评

这首诗是诗人经过三闾庙时所作。诗人睹物思人，表达了对屈原的悲悯和同情。语言简洁，诗意隽永，余韵悠长。

"沅湘流不尽，屈子怨何深"。"沅""湘"是屈原常在诗中咏叹的两条江，本诗以此起兴，又将两江比作屈原无尽的怨恨。"流"字双关，既指水的流动，同时也引出下句的"怨"。"不尽"与"何深"皆表怨恨之深重。这两句表达了诗人对屈原不幸遭遇的深切同情。

"日暮秋风起，萧萧枫树林"两句，化用屈原《九歌》《招魂》中的诗句，唤起读者对屈原的记忆，同时营造出萧瑟凄凉的惨淡氛围，含蓄地表达了一种深深的怀念之情。

这首诗前两句运用比兴手法，以江水流不尽来比喻屈原怨恨的无穷；后两句对萧瑟秋景的描写从《九歌·湘夫人》的"袅袅兮秋风，洞庭波兮木叶下"和《招魂》的"湛湛江水兮，上有枫"生发而来，气氛愁惨，令人心生惆怅，吊古之意极深。

诗词趣味多

屈原，战国时期楚国诗人、政治家。他志向远大，有一套治国主张，却不被国君采纳，反而遭到贵族排挤迫害，被多次流放。屈原在流放的过程中，听闻秦军攻破楚国国都，悲愤交加，心如刀割，但不忍舍弃自己的祖国，于是抱石投汨罗江身死。传说端午节吃粽子的习俗就是为了纪念屈原。

智慧修炼场

1.填一填：诗中"＿＿＿＿＿＿＿＿＿＿＿＿＿＿"两句化用了屈原的诗歌。

2.选一选：下列哪个选项不是写屈原的对联？（　　）

A.一诗二表三分鼎；
　万古千秋五丈原。

B.何处招魂，香草还生三户地；
　当年呵壁，湘流应识九歌心。

C.泽畔行吟，五月孤忠沉夜月；
　离骚寿世，三闾遗恨泣秋风。

诗人小档案

戴叔伦(732—789)，字幼公，润州金坛(今属江苏省常州市)人，唐代诗人。其诗多表现隐逸生活和闲适情调，但《女耕田行》《屯田词》等也反映了人民生活的艰苦。戴叔伦论诗主张"诗家之景，如蓝田日暖，良玉生烟，可望而不可置于眉睫之前"。

答案：1.日暮秋风起，萧萧枫树林　2.A

楚　吟

〔唐代〕李商隐

山①上离宫②宫上楼，
楼前宫畔暮江流。
楚天长短③黄昏雨，
宋玉④无愁亦自愁。

字词小贴士

① 山：指巫山。　② 离宫：巫山西北的楚宫。即宋玉在《高唐赋并序》里面写的宋玉与楚襄王一同游览的地方。　③ 长短：无论长短。意同"总之""横竖"。　④ 宋玉：战国时期楚国辞赋家。此处诗人以宋玉自况。

诗文转换站

　　巍峨的巫山上建造着离宫，离宫中耸立着高高的宫楼，宫楼前、离宫旁，江水在暮色中滚滚东流。

　　楚地黄昏时的天空无论哪天都是烟雨迷蒙，宋玉即便是不对外物忧愁，也会为自己发愁。

诗词赏析评

　　这首诗是诗人滞留荆楚之地时有感所写。诗人通过描绘一幅"楚宫江畔暮雨图"，抒发了自己怀才不遇的悲凉忧愁。

　　"山上离宫宫上楼，楼前宫畔暮江流"，第一句诗人由下而上描写，第二句由上而下描写，塑造画面的空间感。"流"字透露出时光无情的流逝，景中充满对古今变迁和岁月易逝的感叹。这两句采用顶真的句式，重叠"宫""楼"二字，加重强调其主体地位，以紧扣题中"楚"字。

　　"楚天长短黄昏雨"，既是实写眼前之景，又化用宋玉"旦为行云，暮为行雨"的诗句，形容暮雨似断似续，给画面蒙上一层如梦似幻的气氛，渲染了环境的凄楚，为结句进行铺垫。

　　"宋玉无愁亦自愁"点出全诗主旨。诗人以宋玉自况，说宋玉愁，其实就是说自己愁，表达诗人对自己岁月蹉跎、壮志未酬的怨愤，也暗含着对统治者不用贤才的愤懑，以及对国家未来的忧虑。

诗词趣味多

顶真：也称联珠、蝉联，是一种修辞方法，是指上句的结尾与下句的开头使用相同的字或词，用以修饰诗句声韵的方法。

智慧修炼场

1.选一选：诗中"山上离宫宫上楼，楼前宫畔暮江流"使用了顶真的修辞方法。下面哪一句也同样使用了此方法？（　　）

A.白云一片去悠悠，青枫浦上不胜愁。

B.忽闻海上有仙山，山在虚无缥缈间。

C.西北望长安，可怜无数山。

2.写一写：你还知道李商隐的哪些诗句？请你写下来。

_____

_____

_____

诗人小档案

李商隐（约813—约858），字义山，号玉溪生，唐代著名诗人。他擅长诗歌写作，是晚唐最出色的诗人之一，和杜牧合称"小李杜"，与温庭筠合称为"温李"，因其诗文与同时期的段成式、温庭筠风格相近，且三人都在家族里排行第十六，故此三人的诗歌风格并称为"三十六体"。其作品收录为《李义山诗集》。

答案：1.B 2.例：向晚意不适，驱车登古原。夕阳无限好，只是近黄昏。 相见时难别亦难，东风无力百花残。

第十辑 吊古咏史 147

金陵怀古

〔唐代〕司空曙

辇路①江枫暗②,
宫庭野草春。
伤心庾开府③,
老作北朝臣。

字词小贴士

① 辇路：帝王车驾所经之路。　② 江枫暗：形容枫树茂密。　③ 庾开府：即庾信。庾信任南朝梁将军出使北朝西魏时，梁被灭国，于是留在北朝任官，官至骠骑大将军，开府仪同三司，世称"庾开府"。

诗文转换站

江边前朝帝王车驾经过的道路，如今枫树参天，生长茂密，前朝的宫殿庭院内，如今也是野草丛生。

可怜南朝的庾开府，到老来却做了北朝的臣子。

诗词赏析评

这首诗大约是诗人因安史之乱而在江南避难时所作。诗人路过金陵，见六朝往事皆淹没于荒草之中，追昔抚今，感慨万千。

"辇路江枫暗，宫庭野草春"，这两句对偶整齐，诗人运用两组今昔对比，辇路、宫庭与江枫、野草形成强烈对比，盛衰兴亡之感自然寄寓其中。"暗"字既是写实，又透露出诗人看到此景时心情的沉重；"春"字既点明时令，又着意表示点缀春光的唯有这萋萋野草。

"伤心庾开府，老作北朝臣"，庾信坎坷的经历与诗人很相似，诗人用庾信的典故，既感伤历史上的兴亡变化，又借此寄寓对唐朝衰微的感叹，更包含了他自己的故园之思。庾信曾作《伤心赋》一篇，诗人化用了"伤心"二字，寄托了对庾信的深厚同情，也表示了他此时此地的悲凉心情。

诗词趣味多

庾信（513—581），南北朝时期著名诗人。他早年在南朝梁做官，出使北朝西魏期间，梁被西魏灭国，遂被强留于长安；北周代魏后，他又被迫仕于周，此后一直留在北朝。他经历了北朝的几次政权交替，又目睹了南朝最后两个王朝的覆灭，其一生最能反映那个时代的动乱变化。他长年羁旅北地，常常想念故国和家乡，其诗赋多有"乡关之思"，著名的《哀江南赋》就是这方面的代表作。

智慧修炼场

1.填一填：诗中"＿＿＿＿＿＿＿＿＿＿＿＿＿＿＿＿＿＿＿＿"两句运用了典故。

2.写一写：你还知道哪些描写金陵的诗句？请你写下来。

___

___

___

诗人小档案

司空曙（720—790），字文明，一作文初，唐朝诗人。司空曙为人磊落有奇才，是"大历十才子"之一，长于五律。其诗闲雅疏淡，朴素真挚，情感细腻，多写自然景色和乡情旅思。《新唐书·艺文志》载有《司空曙诗集》两卷。

答案：1.伤心欲问前朝事，惟见北朝后。2.例：江雨霏霏江草齐，六朝如梦鸟空啼。（韦庄《台城》）晚日金陵岸草平，落霞明，水无情。（李煜《浪淘沙》）

诗词趣味闯关

第一关：读诗句，填动物或植物名。

1. 泥融飞（　　　　），沙暖睡（　　　　）。
2. 柴门闻（　　）吠，风雪夜归人。
3. 江晚正愁余，山深闻（　　　　）。
4. 故人西辞（　　　　）楼，烟花三月下扬州。
5. 西塞山前（　　　　）飞，桃花流水（　　　　）肥。
6. 留连戏（　　）时时舞，自在娇（　　）恰恰啼。
7. 乱花渐欲迷人眼，浅（　　）才能没（　　）蹄。
8. 儿童急走追（　　　　），飞入（　　　　）无处寻。
9. （　　）外（　　　　）三两枝，春江水暖（　　　　）先知。
10. （　　　　）才露尖尖角，早有（　　　　）立上头。

第二关：读诗句，写出与它相关的名胜。

1. 会当凌绝顶，一览众山小。（　　　　　）
2. 只有天在上，更无山与齐。（　　　　　）
3. 平明登日观，举手开云关。（　　　　　）
4. 泉飞一道带，峰出半天云。（　　　　　）
5. 横看成岭侧成峰，远近高低各不同。（　　　　　）
6. 飞流直下三千尺，疑是银河落九天。（　　　　　）
7. 水光潋滟晴方好，山色空蒙雨亦奇。（　　　　　）
8. 四顾无边鸟不飞，大波惊隔楚山微。（　　　　　）
9. 湖光秋月两相和，潭面无风镜未磨。（　　　　　）
10. 黄河远上白云间，一片孤城万仞山。（　　　　　）

第三关：读诗句，填人物。

1.一去紫台连朔漠，独留青冢向黄昏。（　　　　）
2.功盖三分国，名成八阵图。（　　　　）
3.此地别燕丹，壮士发冲冠。（　　　　）
4.旄尽风霜节，心悬日月光。（　　　　）
5.回眸一笑百媚生，六宫粉黛无颜色。（　　　　）
6.三顾频烦天下计，两朝开济老臣心。（　　　　）
7.平明寻白羽，没在石棱中。（　　　　）
8.笔落惊风雨，诗成泣鬼神。（　　　　）
9.朝为越溪女，暮作吴宫妃。（　　　　）
10.羽扇纶巾，谈笑间，樯橹灰飞烟灭。（　　　　）

第四关：填字成诗。

1.

东				花	残

（十字格谜题：包含 东、正、众、小、帆、水、长、红、不、日、路 等字）

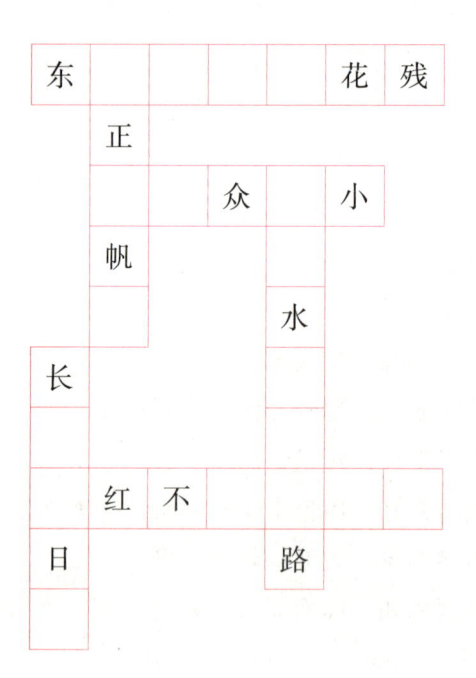

2.

		月				满	天

但		人					中

		立	原			白	

| 飞 | | 花 | | 寻 | | 鹭 | |

答案：第一关：1.瀑布 2.飞 3.燕脂 4.黄鹤 5.月落 6.每逢
7.春 8.黄鹂 柴花 9.竹 杯花 桃 10.小舟 蜻蜓
第二关：1.柴山 2.柴山 3.柴山 4.峨眉山 5.庐山 6.庐山 7.西湖 8.鹳雀楼
9.洞庭湖 10.玉门关
第三关：1.王昭君 2.诸葛亮 3.胡骑 4.苏武 5.杨贵妃 6.诸葛亮 7.李广
8.李白 9.武则天 10.周瑜
第四关：（顺序从上到下，从左到右）1.水村山郭 一路江北岸
是非成败 长沟流月 风乱一帆悬 山重水复疑无路 2.月落乌啼霜满天 但愿人
长久 立根原在破岩中 但使龙城飞将在 落花时节又逢君 飞入菜花无处寻
二水中分白鹭洲

诗词趣味闯关 153